# Alimentos para o bem-estar

# Alimentos para o bem-estar

## Restabeleça o equilíbrio e melhore a saúde com a dieta alcalina

Natasha Corrett
Vicki Edgson

Fotos: Lisa Linder

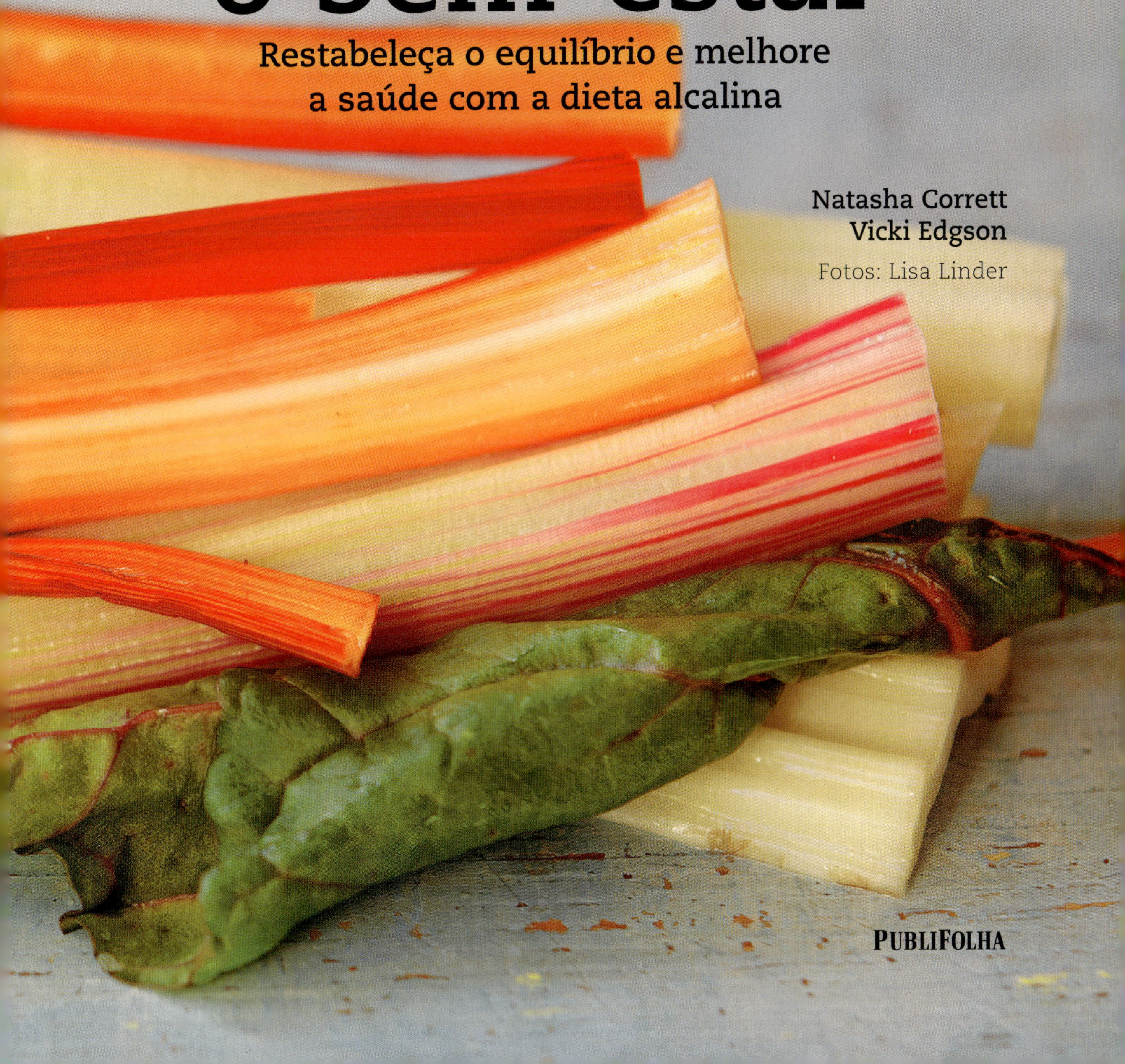

PUBLIFOLHA

Título original: *Honestly healthy – Eat with your body in mind, the alkaline way*

Publicado originalmente na Grã-Bretanha em 2012 por Jacqui Small LLP, um selo da Aurum Press Limited, 74-77 White Lion Street, Londres NI 9PF.



COORDENAÇÃO DO PROJETO: PUBLIFOLHA
Editora assistente: Fabiana Medina
Produtora gráfica: Samantha R. Monteiro

PRODUÇÃO EDITORIAL: AA STUDIO
Coordenação: Ana Luisa Astiz
Tradução: Mariane Janikian
Preparação: Sonia de Castilho
Revisão: Juliana Caldas, Thâmara Veríssimo
Consultoria: Tarcila Campos
Editoração eletrônica: MOS editorial

EDIÇÃO ORIGINAL: JACQUI SMALL
Publisher: Jacqui Small
Gerente editorial: Kerenza Swift
Diretora de arte: Penny Stock
Fotografia: Lisa Linder
Gerente de projeto: Nikki Sims
Editora: Jenni Davis
Produção: Peter Colley

**Dados Internacionais de Catalogação na Publicação (CIP)**
**(Câmara Brasileira do Livro, SP, Brasil)**

Corrett, Natasha
Alimentos para o bem-estar : restabeleça o equilíbrio e melhore a saúde com a dieta alcalina / Natasha Corrett, Vicki Edgson ; fotos Lisa Linder ; [tradução Mariane Janikian]. -- São Paulo : Publifolha, 2014.

Título original: Honestly healthy : eat with your body in mind, the alkaline way.
ISBN 978-85-7914-519-3

1. Culinária 2. Desiquilíbrio ácido-base – Dietaterapia – Receitas I. Edgson, Vicki. II. Linder, Lisa. III. Título.

14-01947 CDD-641.5631

**Índices para catálogo sistemático:**
1. Dieta alcalina : Receitas culinárias 641.5631

Este livro segue as regras do Acordo Ortográfico da Língua Portuguesa (1990), em vigor desde 1º de janeiro de 2009.

Impresso na 1010 Printing, China

**PUBLIFOLHA**
Divisão de Publicações do Grupo Folha
Al. Barão de Limeira, 401, 6º andar
CEP 01202-900, São Paulo, SP
Tel.: (11) 3224-2186/2187/2197
www.publifolha.com.br

De Tash – Dedico este livro a minha melhor amiga Laura, que me inspira todos os dias, e a meus pais, que me apoiaram a cada passo do caminho.

De Vix – Dedico este livro a minha querida amiga Karen, que me mostrou como é importante para o vegetariano balancear corretamente a alimentação para ter saúde.

**NOTA DO EDITOR**
Apesar de todos os cuidados tomados na elaboração das receitas deste livro, a Publifolha e a Jacqui Small não se responsabilizam por erros ou omissões decorrentes da preparação dos pratos. Pessoas com restrições alimentares, grávidas e lactantes devem consultar um médico especialista sobre os ingredientes de cada receita antes de prepará-la. As fotos deste livro podem conter acompanhamentos ou ingredientes meramente ilustrativos.

Observações, exceto se orientado de outra forma:
- Use sempre ingredientes frescos
- O forno deve ser preaquecido na temperatura indicada na receita

Equivalência de medidas:
- 1 colher (chá) = 5 ml
- 1 colher (sopa) = 15 ml
- 1 xícara (chá) = 250 ml

Observe que o peso dos ingredientes secos varia de acordo com o volume, portanto 1 xícara de farinha de trigo pesa menos que 1 xícara de açúcar.

# sumário

**Legenda** (ver p. 11)

♥♥♥ ingrediente ou receita extremamente alcalino
♥♥ ingrediente ou receita muito alcalino
♥ ingrediente ou receita alcalino
🌱 ingrediente ou receita vegano

# Nossa história e nossa paixão

Fui apresentada a Natasha como sua madrinha no dia em que ela nasceu, e nossa amizade cresceu ao longo dos anos. Ela sempre se interessou pela minha carreira em nutrição e bem-estar enquanto buscava conhecimento em práticas espirituais e holísticas e também como herborista. Em paralelo, exercitava sua paixão pela gastronomia – seu paladar foi influenciado desde cedo pelo pai, um *restaurateur* francês.

Compartilhamos a paixão pela boa mesa, partindo sempre de ingredientes básicos. Lembro que minha mãe preparava tudo em casa, e a melhor sensação ao chegar do colégio interno era sentir os aromas que emanavam da cozinha. Revivo essa experiência atualmente cada vez que vou à casa de Tash: sempre há um delicioso bolo sem glúten sobre a mesa ou um risoto no fogão.

Começamos a trabalhar juntas em maio de 2009, quando participei de um evento organizado por Tash no interior da Inglaterra. Ela alugara uma propriedade rural para um retiro de três dias. Na última hora, o chef que havia sido contratado não pôde ir, e ela decidiu que cozinharia. Provei naqueles dias os melhores pratos vegetarianos da minha vida. Refeição após refeição, Tash encantava a todos, preparando pratos a partir de ingredientes aparentemente simples – frescos, suculentos, saborosos e muito, muito apetitosos. O fim de semana foi um sucesso, e todos comentaram como a comida estava deliciosa.

Na semana seguinte, mais da metade dos participantes do evento havia solicitado a Tash que entregasse refeições em domicílio. Assim foi criado o "Fridge Fill" ("recheio para a geladeira", em tradução livre): café da manhã, almoço, jantar e petiscos para três dias, entregues na casa do cliente na noite de segunda-feira. A premissa era simples: ingerir comida saudável pelo menos durante metade da semana melhora o bem-estar geral. Além disso, em pouco tempo, começa-se a escolher com mais cuidado o que se pede em restaurantes, o que se belisca durante os traslados ou o que se compra por impulso na lojinha da esquina. Tash afirmava categoricamente que conseguiria modificar os hábitos alimentares da população entregando comida "de verdade" para um pequeno grupo que propagaria a informação.

Seu lema passou a ser "Orgânico onde interessa". O boca a boca funcionou. Pouco tempo depois, a Harrods, conhecida loja de departamentos de Londres, convidou Tash para apresentar uma amostra de suas criações. Durante um fim de semana frenético, ela preparou receitas, pintou um caixote de madeira com seu logo e decorou-o com palha. A ideia era mostrar que a comida acabava de chegar do campo, fresquinha e pronta para servir – ficou lindo, tentador e delicioso!

A apresentação foi um sucesso. Quando ela me telefonou para contar, minha reação imediata foi: "Quer um investidor para o seu negócio? Você vai dar certo, e quero estar junto!".

Entusiasmadas, preparamos nossas instalações para atender as exigências rigorosas de saúde e segurança que toda loja de departamentos ou supermercado deve seguir, pois percebemos que não se tratava mais de cozinhar para amigos e clientes. Os padrões de saúde e segurança da indústria alimentícia são rígidos (como devem ser) e havia muito a aprender sobre como administrar o negócio.

Curiosamente, acabamos não vendendo na Harrods, pois a Harvey Nichols e a Selfridges, outras duas importantes lojas de departamentos, souberam de nossa iniciativa e fizeram propostas mais sedutoras. Estreamos na área de alimentação da Selfridges em Londres, em julho de 2011, com um pequeno ponto refrigerado e muito alarde da parte de amigos e familiares. A notícia sobre nossa "ótima e deliciosa comida vegetariana" se espalhou, e pouco depois muitas lojas e mercados começaram a nos procurar.

Tash e eu acreditamos firmemente na nossa marca Honestly Healthy [título deste livro na edição original em inglês que significa "saudável de verdade", em tradução livre]. A importância de consumir alimentos "de verdade" aumenta à medida que proliferam os "não alimentos" prontos e geneticamente modificados, e sobem as taxas de obesidade e diabetes. Gasta-se cada vez mais dinheiro público para resolver doenças que poderiam ser evitadas se todos comêssemos como manda a natureza: o alimento em sua forma mais simples. Nossa proposta é comprar produtos da própria região, frescos e da estação, quando possível; e reduzir os resíduos por meio da educação para o consumo sensato e frugal. Evitamos tudo o que seja geneticamente modificado e, se não tivermos certeza de que um ingrediente está no estado natural, preferimos utilizar uma alternativa.

Também acreditamos que a boa alimentação deve custar menos. Porém, sem o conhecimento de como preparar os ingredientes básicos, as pessoas se veem obrigadas a pagar o preço de mercado por refeições saídas de cozinhas gigantescas, feitas sem amor nem atenção. A comida preparada com carinho é mais saborosa – existe uma transferência energética que é absorvida pelo organismo e acaba por beneficiar profundamente todo o corpo. A função do alimento é nutrir, não punir ou recompensar. Deve ser consumido com calma, para se perceber o que traz de bom para a saúde. Não raro, neste mundo frenético do século XXI, comemos com pressa ou diante do computador. Contamos que o sistema digestório "dê conta", sem perceber que a indigestão, o abdome inchado e a prisão de ventre são consequências diretas de se alimentar sem estar consciente. Queremos estimular cada um a se permitir um tempo para sentar à mesa com família e amigos e valorizar o maravilhoso milagre que é ter uma refeição diante de si.

Neste livro, que escrevemos juntas, combinamos nossas experiências de excelente culinária com know-how em nutrição. Desejamos inspirar todos a testar e provar, cozinhar e apurar. Queremos incentivar cada um dos leitores a experimentar ingredientes frescos em combinações corretas e preparados à perfeição, para alimentar o corpo e a alma. Bom apetite!

Tash & Vix

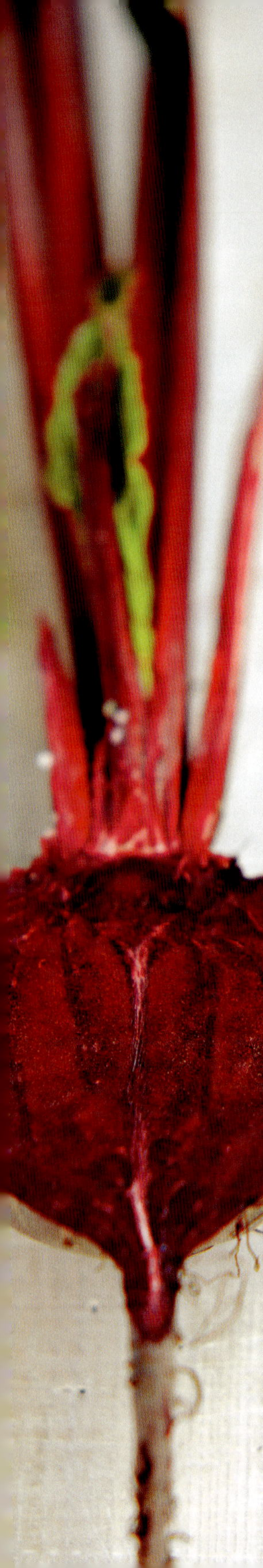

# A base de uma alimentação equilibrada

Somos bombardeados o tempo todo por informações sobre as mais diversas dietas, que muitas vezes se contradizem. Você deve ter ouvido falar, por exemplo, dos benefícios de um plano alimentar com alto teor de proteína e baixo teor de carboidrato – emagrecimento garantido, de forma aparentemente segura. Sabe-se, porém, que eliminar qualquer um dos principais grupos alimentares não é uma boa ideia.

Nosso método mostra que é preciso balancear o consumo de carboidratos, proteínas e lipídios (ver p. 12, "Conheça os grupos alimentares") em sua forma mais pura e natural, de maneira a satisfazer individualmente, garantindo os nutrientes necessários para curar, reparar, reconstruir e produzir energia diariamente, a cada momento.

## Os benefícios da dieta alcalina

Quantas vezes você se sente indisposto após uma refeição? Ou, o que é até pior, consciente de que comeu demais ou de que ingeriu comida muito gordurosa ou muito pesada? Recorrer a um café ou a um chá para "ajudar a digerir" não resolve, e o álcool só sobrecarrega ainda mais o sistema digestório. Mesmo assim, essa é a dieta ocidental padrão no século XXI, reconhecida amplamente como fator que contribui para causar doenças cuja incidência aumenta cada vez mais, como o diabetes, as cardiopatias e vários tipos de câncer.

Muitos dos alimentos consumidos com frequência são acidificantes, isto é, quando digeridos formam resíduos ácidos na corrente sanguínea. Entre esses estão todos os tipos de carne, os laticínios e qualquer alimento processado, inclusive os açúcares e os pães, os biscoitos e os bolos comprados prontos. Não são prejudiciais em pequenas quantidades, mas o consumo regular sobrecarrega os rins e o fígado, até a falência. Ambos necessitam do aumento de alguns minerais para amenizar o impacto dessa acidez. Os rins, por exemplo, precisam de mais magnésio para alcalinizar os resíduos, e, quando a quantidade desse mineral é insuficiente, o organismo o retira dos ossos para manter a função renal.

O consumo de alimentos predominantemente alcalinos exige bem menos do sistema digestório, além de harmonizar com o pH do sangue, que se mantém entre 7,35 e 7,45. Criamos a dieta alcalina para ajudar as pessoas a adotar um novo estilo de alimentação, a partir do consumo de alimentos vegetarianos alcalinos em combinações balanceadas. Em algumas semanas, é possível se sentir mais leve, a memória e a concentração ficam mais aguçadas, o nível de energia aumenta muito, e a qualidade do sono melhora drasticamente.

Adotar esse programa alimentar significa consumir alimentos frescos, o mais próximos possível do estado natural – ingredientes orgânicos integrais, predominantemente vegetarianos, e pequenas quantidades de leguminosas e cereais integrais para suplementar as frutas, os legumes e as verduras em abundância – que podem ser crus, pouco cozidos ou germinados, para aumentar o teor de proteína (ver p. 34, "Brotos de leguminosas e sementes").

### Quais alimentos são ácidos e quais são alcalinos?

É surpreendente saber que alguns dos alimentos que consumimos diariamente são altamente acidificantes (ver tabela na p. 9), o que contribui para a sensação de inchaço, com gases, desconfortável. Seguir um programa basicamente alcalino eliminará muitos desses sintomas praticamente da noite para o dia. ***Não estamos sugerindo a eliminação total dos alimentos ácidos, mas a diminuição, bem como o consumo associado a alimentos alcalinos, de modo que a refeição como um todo fique mais alcalina (ver também pp. 15 e 25).***

| Muito acidificantes | Moderadamente acidificantes | Alcalinos |
|---|---|---|
| CEREAIS, VERDURAS E LEGUMES RICOS EM AMIDO – Cereais matinais (produzidos industrialmente), trigo, pães e massas com glúten, feijões (roxinho, branco), grão-de-bico, manteiga de amendoim, ervilha (desidratada) | CEREAIS, VERDURAS E LEGUMES RICOS EM AMIDO – Arroz (branco e integral), aveia, batata-doce, centeio, lentilha, milho, painço, quinoa, trigo-sarraceno | CEREAIS, VERDURAS E LEGUMES RICOS EM AMIDO – Cevada, feijão-de-lima, lecitina de soja, painço, soja (edamame, fresca ou desidratada) |
| | | FRUTAS – Abacate, abacaxi, ameixa, azeitona, cereja, coco fresco (polpa), damasco, figo, frutas vermelhas (todas), grapefruit, laranja, limão-siciliano, limão-taiti, maçã, mamão, manga, melancia, melão, pera, pêssego, tâmara, tomate (cru), uva-passa (clara e escura), uva |
| | | VERDURAS E LEGUMES POBRES EM AMIDO – Abóbora, acelga (todas as cores), agrião, alcachofra, alface (todos os tipos), alho, alho-poró, aspargo, azedinha, beterraba (inclusive a folha), brócolis, broto de alfafa, brotos (outros), cebola, cenoura, chicória, cogumelo, couve, couve-flor, couve-rábano, dente-de-leão, endívia, erva de trigo, ervilha (fresca), espinafre, folhas verdes, kelp (algas laminárias), nabo, pimenta, rabanete, raiz-forte, salsão, vagem |
| LIPÍDIOS, ÓLEOS E ÁCIDOS GRAXOS ESSENCIAIS – Laticínios de origem bovina (leite, manteiga, queijo, iogurte, creme de leite e sorvete), ghee (manteiga clarificada indiana) | LIPÍDIOS, ÓLEOS E ÁCIDOS GRAXOS ESSENCIAIS – Amendoim, avelã, castanha-de-caju, castanha-do-pará, feta, halloumi (queijo de leite de cabra ou ovelha originário do Chipre), kümmel, macadâmia, nozes, óleo de borragem, óleo de linhaça, óleo e semente de gergelim e de girassol, sementes de abóbora, cominho, erva-doce e linhaça | LIPÍDIOS, ÓLEOS E ÁCIDOS GRAXOS ESSENCIAIS – Amêndoa, azeite, óleo de coco |
| PROTEÍNAS – Carne de boi, carneiro, cordeiro, porco, coelho, frango, pato, ganso, peru, peixes, crustáceos, ovos, sementes (cozidas), gelatina | | |
| BEBIDAS E CONDIMENTOS – Todas as bebidas alcoólicas, café, refrigerantes (especialmente de cola), água gaseificada, açúcar, chá, água tônica | *OBSERVAÇÃO: listamos como "alcalinos" (p. 11, pp. 16-9) alimentos considerados essencialmente acidificantes, como arroz integral, quinoa e semente de linhaça, porque são muito ricos em nutrientes e, combinados com uma boa quantidade de ingredientes alcalinos no mesmo prato, compõem um resultado predominantemente alcalino.* | BEBIDAS E CONDIMENTOS – Água (destilada), água com limão, água de coco fresco, calda de agave, chás de ervas (não os de frutas, dada a tendência de desenvolver fungos no processo de secagem), cominho (em pó), cúrcuma, erva-cidreira, ervas frescas (todas), folhas de limoeiro, gengibre, leite de amêndoa, leite de cabra (cru), leite de soja, mel (cru), molho tamari, mostarda (em grão ou pasta), pimenta-de-caiena, pimenta-malagueta, sal marinho, algas marinhas (inclusive chlorella, espirulina, kelp, wakame), vinagre de maçã |

## O que é "alcalino"?

Existem dois tipos de alimentos alcalinos: os que são alcalinos em si e os que têm "cinza" alcalina, isto é, que se tornam alcalinos após se combinarem com enzimas digestivas produzidas na boca, no estômago e no intestino delgado. Esses últimos são conhecidos como alimentos alcalinizantes e podem ser erroneamente classificados como "ácidos". O exemplo mais claro são os limões, que apesar de ácidos ao paladar, são, de fato, muito alcalinizantes.

Todos os alimentos precisam ser degradados até uma forma líquida que possa ser absorvida através da parede intestinal para a corrente sanguínea. São os minerais contidos em cada alimento que estabelecem se ele é predominantemente ácido ou alcalino. Em geral, os alimentos mais ricos em potássio, magnésio, cálcio, sódio, zinco, cobre e ferro formam cinza básica (ou seja, pH neutro, a categoria em que está a maior parte dos alimentos naturais).

Em linhas gerais, todo alimento vegetariano, como as verduras, os legumes e algumas frutas, as oleaginosas, as sementes, as leguminosas e os cereais integrais, contém uma série de minerais sobretudo alcalinos e são alcalinizantes, ao passo que produtos de origem animal, alimentos fermentados e cafeinados, bem como todos aqueles processados e fritos, são acidificantes.

### O espectro de pH

O espectro de pH é usado para medir a acidez/alcalinidade de qualquer tipo de substância – o pH do suco gástrico é 1, e o do amoníaco é 14. Em alimentos e bebidas, os valores de pH variam em torno de 3 a 9. Quanto maior o pH na escala abaixo, mais alcalinizante é o alimento.

### COMO TESTAR SEU PH

Você pode medir o grau de acidez da urina ou da saliva usando papel tornassol, que se encontra em lojas de equipamentos para laboratórios. Provavelmente o da urina apresentará menor margem de erro.

**Urina** – O pH da urina varia de acordo com a desidratação e o teor de alimentos acidificantes em seu organismo. Álcool e cafeína, por exemplo, alteram consideravelmente esse pH, porque promovem desidratação e, portanto, fazem os rins trabalharem mais para controlar a acidez. Colete uma amostra pouco depois de começar a urinar, mergulhe a fita de papel tornassol e espere mudar de cor. Compare a cor com a escala da embalagem para saber o valor do pH. A urina com pH 6,5-7,25 é saudável.

**Saliva** – O pH da saliva também varia de acordo com o que foi ingerido nas últimas horas. Para produzir quantidade de saliva suficiente para testar, movimente a língua durante 30 segundos e engula. Repita o processo duas vezes antes de colocar o papel tornassol sobre a língua (esse procedimento diminui a margem de erro da leitura) e compare a cor com a escala da embalagem para saber o valor do pH. A saliva com pH 6,5-7,5 é saudável.

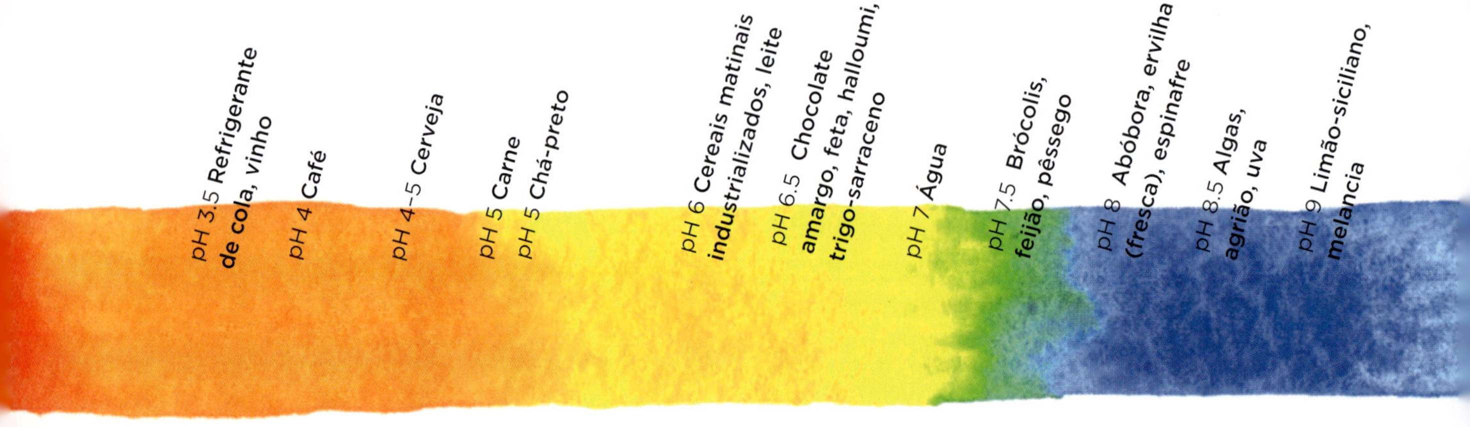

## Alimentos alcalinos

Cada alimento tem um poder alcalinizante específico, e consideramos útil dividi-los em três grupos (ver abaixo). As receitas deste livro estão classificadas dentro de uma escala de potencial alcalinizante para que você possa escolher refeições e lanches que ajudem a contrabalançar alimentos acidificantes. O resultado será uma dieta mais equilibrada e uma vida mais saudável.

**Extremamente alcalino: pH 8,5 a 9** ♥♥♥

Abacate, abacaxi, ágar-ágar, agrião, alcachofra, algas marinhas, alho-poró, aspargo, brócolis, couve, couve-flor, erva-doce, espinafre, grapefruit, kiwi, limão-siciliano, limão-taiti, melão, pimenta-de-caiena, sucos de verduras e legumes, tomate (cru), umeboshi, uva-passa, uva

**Muito alcalino: pH 7,5 a 8** ♥♥

Abóbora, alface, banana (firme), batata, beterraba, broto de alfafa, broto de bambu, cenoura, couve-rábano, damasco, ervilha (fresca), figo, goiaba, maçã, mamão, manga, milho-verde, molho tamari, nabo, nectarina, pera, pêssego, pimenta, quiabo, repolho, salsão, tâmara, vagem, vinagre de maçã

**Alcalino: pH 7** ♥

Abacaxi, água e polpa de coco fresco, amaranto, amêndoa, azeite, azeitona preta, berinjela, carne de soja, castanha, cebola, cereais germinados, cereja, cogumelo, couve-de-bruxelas, frutas vermelhas (todas), gergelim, leite de cabra (cru), leite de soja, malte de cevada, painço, pepino, picles, rabanete, soja, tofu, tomate (cozido), vinagres (exceto o de maçã, o mais alcalino de todos)

# Conheça os grupos alimentares

É comum haver confusão sobre os alimentos que pertencem a cada grupo alimentar ou se um alimento contém mais de um tipo de nutriente – é fonte de carboidrato, de proteína, de ácido graxo essencial ou pode prover os três? Aqui explicamos a função de cada grupo alimentar, facilitando bastante o entendimento do assunto.

## Quais são os tipos de carboidrato?

O grupo dos carboidratos é o maior dos três. Inclui todas as frutas e quase todos os legumes e verduras, bem como os cereais. São os alimentos que fornecem energia, sendo degradados até a glicose – que é usada imediatamente, para dar energia, ou armazenada nos músculos e no fígado, em forma de glicose e glicogênio. É preciso nutrir-se diariamente para se manter física e mentalmente alerta. Se você já se exercitou muito na academia ou participou de uma maratona, sabe o que significa "ficar sem energia" literalmente: os músculos param de responder às ordens do cérebro. É por isso que os maratonistas aumentam a ingestão de carboidratos no dia da corrida ou até dois dias antes. Raramente uma pessoa fica sem energia no dia a dia, a menos que esteja se subnutrindo, e, neste caso, o organismo recorrerá à gordura armazenada para obter energia. ***Um apetite voraz é um aviso do organismo de que a reserva de glicose está acabando – é hora de dar atenção ao sinal e se alimentar antes de perder a concentração ou entrar em exaustão.***

Os diferentes grupos de carboidratos desempenham funções variadas e são digeridos em velocidades diferentes.

### Cereais para a produção de energia essencial

Todos os cereais (aveia, arroz, centeio, cevada, painço, quinoa, trigo--sarraceno) contêm altos teores de vitaminas do complexo B, de importância vital para a produção de energia ao nível celular. Cada célula do organismo (especialmente as musculares) possui minúsculas usinas de energia denominadas mitocôndrias, que degradam a glicose, convertendo-a em energia. Quanto mais exercício físico, maior a quantidade de mitocôndrias em cada célula, aumentando a capacidade do organismo de armazenar e utilizar energia. Essa é uma das razões do bem-estar que as pessoas que estão em boa forma sentem: elas são literalmente uma reserva de energia ambulante! É hora de levantar do sofá e se mexer!

Os cereais também contêm uma série de minerais essenciais indispensáveis para a contração muscular (não pense apenas em andar e correr, mas também, por exemplo, nos batimentos cardíacos), a respiração, a imunidade, o metabolismo e a renovação e reparação de todo o corpo. Sem os cereais, o organismo recorre às reservas de gordura e tecido muscular magro. Queimar gordura para obter energia é possível, mas gera um combustível "sujo", que precisará de muita vitamina antioxidante para "limpar a bagunça". Isso explica por que, muitas vezes, quem perde muita gordura muito rápido não se sente bem – eliminá-la gradualmente é bem mais saudável e duradouro. No outro extremo, corpos em ótima forma física, como os de maratonistas, precisam de dietas com quantidades adequadas de cereais para garantir que o valioso tecido muscular magro não seja degradado mais rapidamente do que é refeito – caso contrário, haverá perda de força. O tecido muscular é o que tem maior quantidade de mitocôndrias.

A agilidade mental depende do mesmo tipo de produção de energia. A ideia de que é possível passar sem o amido e a glicose dos cereais é errônea. Estima-se que o cérebro use aproximadamente 70% da energia liberada pela glicose produzida a partir da degradação desse grupo alimentar específico em sua função diária normal (os carboidratos são os principais alimentos produtores de glicose). Seja assistindo a uma palestra, concentrando-se na direção do carro ou dando uma aula, a necessidade de energia pode chegar a 85-90% de toda a glicose armazenada. Isso explica por que muitos políticos e palestrantes comem imediatamente após um discurso: a energia armazenada se esgotou. Você pode perceber que, para manter a concentração ao ler esta parte do livro, precisa de um lanche rápido – uma banana ou alguns biscoitos de aveia resolvem bem.

Recentemente, muitas "dietas para emagrecer" têm proposto uma abordagem de baixo ou nenhum amido. O problema é que, quando as reservas de carboidrato e gordura se esgotam, o corpo precisa degradar tecido muscular para obter energia. Pense nas imagens que você já viu de corpos esquálidos ou anoréxicos que adornam as revistas populares no mundo atual – eles podem ser magros, mas não são saudáveis. Nós precisamos de carboidratos! É por isso que muitas das receitas deste livro contêm cereais – seja em saladas, pães ou sopas. Lembrem-se de que eles são a parte energética da refeição.

### Simples ou complexo – eis a questão

Os carboidratos complexos estão presentes tanto no grão inteiro (aveia ou painço para um mingau, arroz integral ou vermelho para um risoto, quinoa integral para pratos salgados ou doces), como na forma de farinha para massas, pães e biscoitos integrais. Trata-se de uma versão inalterada e não adulterada do cereal, com a preservação dos nutrientes – inclusive as fibras, vitaminas e minerais – e são usados há milhares de anos como mantenedores da vida.

Por outro lado, os carboidratos simples são aqueles que foram descorados, escaldados e triturados diversas vezes para se transformar em farinha, arroz e pão brancos e todos os demais produtos resultantes desse tipo de processamento. Os cereais industrializados, por exemplo, derretem na boca (pois não sobraram fibras nem nutrientes!), e os biscoitos e bolos produzidos industrialmente necessitam de açúcar, adoçante e outros aditivos em abundância para que tenham algum sabor. O valor nutricional foi espremido, e eles nada têm a oferecer no sentido nutricional. É por isso que quem abre um pacote de biscoitos dificilmente consegue parar antes de liquidá-lo: o organismo fica procurando algo para converter em energia. Coma algumas fatias de pão de centeio integral, que satisfaz e alimenta, e compare: você perceberá na hora por que escolher carboidratos complexos é a saída!

### Frutas, verduras e legumes para obter energia instantânea

Também se encaixam na categoria carboidrato as frutas, as verduras e os legumes, que fornecem energia de forma mais imediata – pense em como seu pique aumenta após comer uma banana ou uma maçã a qualquer hora do dia. ***Uma fruta consumida com o estômago vazio é digerida em menos de 20 minutos, fornecendo energia instantânea.***

A maioria dos legumes que crescem embaixo da terra (cenoura, batata, batata-doce, mandioca, nabo etc.) contém reservas abundantes de glicose, pois obtêm seus nutrientes diretamente da umidade da terra. O mesmo ocorre com os legumes que crescem diretamente sobre o solo (por exemplo, as abóboras e as abobrinhas), embora eles também obtenham energia diretamente do sol. Legumes são ricos em vitaminas antioxidantes e minerais e devem ser uma boa parte do que consumimos diariamente. Incluímos todos esses legumes do solo repletos de energia nas receitas deste livro, sabendo que a combinação da doçura natural com minerais revigorantes vai satisfazer todo tipo de paladar. Temperados ou ao natural, esses alimentos são essenciais para a dieta alcalina.

As verduras, que crescem acima do solo, trazem ainda os benefícios da clorofila, o verde intenso que vem da energia da luz solar, o "sangue" da planta. A clorofila é uma das substâncias mais alcalinizantes da alimentação e deve ser consumida, de alguma forma, ao menos duas vezes ao dia, no estado mais natural possível.

Em nosso programa alimentar, acreditamos que esses ingredientes devem formar a maior parte da nutrição diária, pois são alcalinos e repletos de energia em seu estado natural (ver p. 22, "A pilha de alimentos"). ***A variedade de cores e texturas de legumes e verduras que crescem abaixo ou acima do solo é fundamental para fornecer ao organismo o máximo possível de antioxidantes para proteger as células, glicose para produzir energia e minerais para reforçar a imunidade.***

## Quais são os tipos de proteína?

O alimento natural dá vida, as proteínas constroem a vida. Todas são degradadas em aminoácidos, que são como tijolos que formam os organismos vivos. Todo produto de origem animal contém os oito aminoácidos essenciais necessários para construir e reparar os tecidos. No entanto, eles são acidificantes, demoram dias para serem digeridos e, muitas vezes, entram em deterioração ainda no sistema digestório, formando resíduos que podem ser tóxicos e causar fadiga, inchaço e indigestão.

As proteínas vegetais, por outro lado, são encontradas em qualquer alimento que pode ser plantado para se tornar um grão, uma planta ou uma árvore; em outras palavras, são muitas vezes maiores do que a semente que lhes deu origem. Imagine a transformação da semente de girassol em uma flor de 2,5-3 metros – gigantesca, dado o tamanho da semente. Esses alimentos são de digestão bem mais simples e fornecem os mesmos tijolos para todas as nossas células. É vital, no entanto, combinar as diversas fontes de proteína vegetal para se adquirir os oito aminoácidos essenciais. A analogia perfeita para esse processo de "construção" é imaginar uma porção de bloquinhos de brinquedo e a quantidade de formas e objetos que podem ser construídos com as diferentes peças, cores e formas.

### A TRÍADE DE PROTEÍNAS

**Cereais e leguminosas** são importantes porque fornecem diferentes tipos de aminoácidos, combinando-se para formar proteínas completas. As leguminosas incluem todos os feijões, abundantes nas nossas receitas, além do grão-de-bico, os vários tipos de lentilhas e ervilhas.

**Oleaginosas e sementes** são fontes de proteína perfeitas. Durante a infância, você deve ter se maravilhado com a "experiência do feijãozinho", em que os dois cotilédones (as duas metades da semente) se abrem, e o broto aparece. É possível fazer brotar assim todos os feijões, oleaginosas, sementes e a maioria dos cereais, e, como alimento vivo (literalmente em crescimento!), é a opção de proteína mais estimulante que se pode obter. A inclusão regular de brotos na salada trará inúmeros benefícios, tanto visíveis como internos. As oleaginosas e as sementes também são fontes vitais dos ácidos graxos essenciais que formam a maior parte do cérebro e do sistema nervoso (ver p. 15, "Lipídios").

**A soja e seus derivados** são a única fonte completa de proteínas disponível aos vegetarianos, na dieta alcalina (escolha sempre a não geneticamente modificada). Ela contém todos os oito aminoácidos essenciais que, no estado natural, ficam preservados para serem utilizados pelo organismo. Entretanto, nos derivados em que são degradados, como os molhos de soja, o tofu e a carne de soja, essas proteínas são desestruturadas; por isso, é bom garantir o consumo da soja verde (também conhecida pelo nome em japonês edamame). Fora a soja, a única fonte completa de proteína vegetal são as algas verde-azuladas, como a espirulina e a chlorella (ver também pp. 34-5).

## COMO CLASSIFICAMOS OS CEREAIS

Escolher pratos que contêm os três grupos alimentares garante um amplo espectro de alimentos alcalinizantes, permitindo ótima variedade na dieta. Classificamos todas as receitas da segunda parte do livro com base na sua alcalinidade total (ver pp. 5 e 11 para saber como classificamos os alimentos e pratos alcalinos). O método da alcalinidade total permite o uso de cereais como a quinoa, o centeio e o trigo-sarraceno, que são menos alcalinos, mas, quando combinados com alimentos altamente alcalinos, equilibram a alcalinidade da receita. O trigo e o milho, entretanto, são mais acidificantes, o que explica o fato de tanta gente arrotar e ter indigestão, azia e gases, pois a dieta ocidental é composta em grande parte por esses cereais (massas, pães, bolos, cereais industrializados e biscoitos).

## Quais são os tipos de lipídios?

Os lipídios – causa de ansiedade para quem não entende que algumas gorduras são essenciais e fazem bem à saúde – existem em várias formas.

### Lipídios do bem

A maneira mais simples de explicar esses lipídios benéficos é pensar nas proteínas que constroem a vida, como as oleaginosas e as sementes, e verificar que elas geralmente aparecem (e funcionam) com ácidos graxos essenciais. Assim, os óleos de girassol, semente de abóbora, macadâmia, coco, nozes, avelã e o azeite são todos lipídios benéficos, mantenedores da função neural, da agilidade mental, da concentração e da memória. ***Aliás, 75% do próprio cérebro é constituído de ácidos graxos essenciais.*** Se você pegasse um cérebro nas mãos, ficaria impressionado ao perceber que é um órgão bastante "gorduroso". Repleto de nervos, nosso computador genial é protegido e acondicionado em uma enorme quantidade de tecido de ácido graxo essencial.

Da mesma maneira, o isolamento do corpo – a camada protetora que se chama pele – é constituído de trilhões de células formadas por uma bicamada fosfolipídica. Trata-se de uma camada dupla de ácidos graxos essenciais que fica em torno de cada célula. É fácil reconhecer alguém que está fazendo uma dieta de baixa ou nenhuma gordura: a pele fica enrugada e ressecada, em decorrência da falta de ácidos graxos essenciais. Imagine o aspecto de seus órgãos internos se a sua pele está assim. Sendo o maior órgão de eliminação do organismo, é fundamental manter hidratada sua camada externa, consumindo ácidos graxos essenciais que dão elasticidade às células para permitir a saída das toxinas.

### Lipídios que fazem mal à saúde

As gorduras saturadas são encontradas na gordura animal – bacon, linguiça, gordura de carneiro e de frango, queijo etc. Esses lipídios são danificados na presença de calor, luz e ar, e, especialmente, durante o cozimento. Pesquisas mostram que comer regularmente carne vermelha cozida tem papel importante no desenvolvimento do câncer de cólon – em boa parte por causa dessas gorduras prejudiciais. Elas entopem as artérias, causando cardiopatias e AVC (acidente vascular cerebral ou derrame).

### Reversão dos malefícios

Curiosamente, os benefícios dos ácidos graxos essenciais encontrados nas oleaginosas, nas sementes e em seus óleos podem desfazer o mal que as gorduras prejudiciais causam. A razão disso é que os ácidos graxos essenciais, conhecidos como ômega 3, 6, 9 e 12, são predominantemente anti-inflamatórios, enquanto as gorduras saturadas são pró-inflamatórias. Muitas doenças potencialmente fatais são causadas em parte por inflamação (ver também p. 25).

Na dieta alcalina, procuramos consumir diversas formas de ácidos graxos essenciais benéficos todos os dias. Preparamos infusões com azeite e óleos de coco, girassol e cânhamo, com ervas, especiarias e alho, para criar sabores complexos para saladas, verduras e legumes (como a comercialização de cânhamo é proibida no Brasil, sugerimos substituições ao longo do livro).

### Uma palavrinha sobre peixes

Os peixes gordos, como atum, arenque, cavala e salmão, são conhecidos como fonte de ácidos graxos essenciais ômega 3. Para maximizar seu valor nutricional, sugerimos que você escolha variedades selvagens e evite os peixes criados em cativeiro.

| Alcalinidade | Nutrientes | Benefícios ao organismo |
|---|---|---|
| **Verduras e legumes** | | |
| ♥♥♥ Agrião | Cálcio, magnésio, fósforo, vitamina C, betacaroteno, ferro e iodo | Diurético, combate cálculos renais e de vesícula, purifica o sangue, reduz o muco dos tratos nasal e digestivo e ajuda a acelerar o metabolismo |
| ♥♥♥ Alcachofra | Cálcio, magnésio, potássio, sódio, ácido fólico, betacaroteno e vitaminas C e K | Diurética, digestiva, contém inulina (estimula a flora intestinal), auxilia a função hepática e estimula a secreção biliar |
| ♥♥♥ Alho-poró | Cálcio, potássio, ácido fólico e vitaminas A e K | Purificante e diurético, elimina o ácido úrico na gota |
| ♥♥♥ Aspargo | Potássio, ácido fólico, vitaminas C e K e betacaroteno | Estimulante da função renal, levemente laxativo e antibacteriano |
| ♥♥♥ Brócolis | Cálcio, magnésio, fósforo, vitaminas B3, B5 e C e ácido fólico | Antioxidante, purificador intestinal, antiviral, antibiótico e estimulador da função hepática |
| ♥♥♥ Couve | Cálcio, magnésio, fósforo, potássio, vitaminas C, E e K, ácido fólico e iodo | Auxilia a tireoide e o metabolismo, desintoxica o estômago, melhora a digestão, estimula o sistema imunológico, mata bactérias e vírus nocivos e é um potente antioxidante |
| ♥♥♥ Couve-flor | Cálcio, magnésio, ácido fólico, potássio, boro, betacaroteno e vitamina C | Excelente antioxidante, auxilia a função hepática e nos distúrbios renais e alivia hipertensão e prisão de ventre |
| ♥♥♥ Erva-doce | Cálcio, magnésio, sódio, potássio, vitamina C, ácido fólico e fitoestrógenos | Antiespasmódico, alivia cólica, ajuda a digerir lipídios e a controlar o peso |
| ♥♥♥ Espinafre | Ferro, cálcio, magnésio, ácido fólico e vitaminas B6 e C | Ajuda a regular a pressão sanguínea, tem propriedades anticâncer, aumenta a imunidade e a saúde dos ossos |
| ♥♥♥ Kelp | Iodo, cálcio, ferro e potássio | Maior fonte desses minerais, beneficia os sistemas cardiovascular e nervoso, desintoxica e auxilia a digestão |
| ♥♥♥ Tomate (cru) | Cálcio, magnésio, fósforo, ácido fólico, betacaroteno e vitamina C | Antisséptico, antibacteriano, auxilia a função hepática e reduz a inflamação |

| Alcalinidade | Nutrientes | Benefícios ao organismo |
|---|---|---|
| ♥♥ Alho | Cálcio, fósforo, vitamina C e potássio | Potente antiespasmódico e antibacteriano, reduz o colesterol |
| ♥♥ Beterraba | Cálcio, magnésio, potássio, vitamina C e manganês | Purificante, diminui os cálculos renais e desintoxica o fígado e a vesícula biliar |
| ♥♥ Cenoura | Cálcio, magnésio, potássio e betacaroteno | Purifica o fígado, estimula a desintoxicação e auxilia a visão |
| ♥♥ Gengibre | Cálcio, magnésio, potássio e fósforo | Antiespasmódico, atua contra o enjoo, estimula o fígado e a vesícula biliar e melhora a circulação |
| ♥♥ Salsão | Cálcio, magnésio, sódio, ácido fólico e vitamina B3. | Ajuda a baixar a pressão arterial, auxilia a digestão, previne a fermentação no intestino e ajuda a prevenir a artrite |
| ♥ Cebola | Cálcio, magnésio, potássio, ácido fólico, fósforo e quercetina | Anti-inflamatória, antisséptica, antibiótica, reduz os espasmos em asmáticos, remove metais pesados e parasitas e é um potente purificador do trato digestivo |
| ♥ Tomate (cozido) | Cálcio, magnésio, fósforo, ácido fólico, betacaroteno e vitamina C | Antisséptico, antibacteriano, auxilia a função hepática e reduz a inflamação |
| **Frutas** | | |
| ♥♥♥ Abacate | Potássio, ácido fólico e vitaminas B3, B5, E e K | Rico em proteína e ácidos graxos monoinsaturados, gorduras que protegem o coração. |
| ♥♥♥ Grapefruit | Cálcio, magnésio, vitamina C e potássio | O ácido salicílico alivia a dor da artrite, purifica o sangue, contribui para a saúde do coração e previne depósitos de cálcio |
| ♥♥♥ Limão-siciliano/limão-taiti | Potássio e vitamina C | Dissolve cálculos na vesícula, potente antisséptico e antibiótico natural |
| ♥♥ Figo | Cálcio, potássio, vitamina C e betacaroteno | Laxativo suave, elimina toxinas e é rico em cálcio |
| ♥♥ Maçã | Potássio, vitamina C, betacaroteno e pectina | Tônico, purificante, abaixa o colesterol e remove toxinas |

| Alcalinidade | Nutrientes | Benefícios ao organismo |
|---|---|---|
| ♥♥ Manga | Vitamina C, betacaroteno, potássio, cálcio e magnésio | Reduz a acidez, auxilia a função renal, alivia a má digestão e purifica o sangue |
| ♥♥ Papaia | Cálcio, magnésio, potássio, vitamina C e betacaroteno | Potente antioxidante, antiparasitário, acalma inflamações intestinais, diminui os gases e purifica |
| ♥♥ Pera | Cálcio, magnésio, potássio, ácido fólico, iodo e pectina | Diurética, beneficia a tireoide, estimula o metabolismo; a pectina remove toxinas dos intestinos |
| ♥♥ Tâmara | Cálcio, ferro, vitamina B3 e betacaroteno | Alivia a diarreia e auxilia o sistema respiratório |
| ♥ Abacaxi | Cálcio, magnésio, potássio, betacaroteno e vitamina C | Antiespasmódico, contém bromelina (boa para a digestão); elimina bactérias e parasitas |
| ♥ Coco | Magnésio, zinco, potássio, ácido fólico e vitamina C | Excelente para reidratação; ajuda a regular o metabolismo da tireoide na produção de energia |
| **Cereais e leguminosas** | | |
| ♥ Arroz integral (p. 25) | Cálcio, magnésio, ferro, potássio, zinco, vitaminas B3, B5 e B6 e ácido fólico | Acalma, melhora o humor e energiza |
| ♥ Cevada (p. 25) | Potássio, zinco, magnésio, cálcio, vitaminas do complexo B e ácido fólico | Acalma a digestão e auxilia a função hepática, cicatriza úlceras estomacais e abaixa o colesterol |
| ♥ Grão-de-bico (p. 25) | Cálcio, magnésio, potássio, zinco, betacaroteno, ácido fólico, fósforo e manganês | Auxilia a função renal e é um purificador digestivo |
| ♥ Lentilha (p. 25) | Cálcio, magnésio, potássio, zinco e ácido fólico | Boa fonte de minerais alcalinos para todos os órgãos; neutraliza o ácido lático produzido nos músculos durante os exercícios físicos |
| ♥ Quinoa (p. 25) | Cálcio, magnésio, potássio e vitamina B3 | Sem glúten, rica em proteína e cálcio, com propriedade antiviral |

| Alcalinidade | Nutrientes | Benefícios ao organismo |
|---|---|---|
| ♥ Soja | Cálcio, potássio, magnésio e vitaminas A, C, K e B3 | Proteína vegetal completa, abaixa o colesterol e equilibra os hormônios |
| ♥ Trigo-sarraceno (p. 25) | Cálcio, magnésio, zinco, potássio, betacaroteno, vitamina C, ácidos graxos essenciais e rutina | Conteúdo de proteína completo, auxilia o sistema cardiovascular e a microcirculação |
| **Oleaginosas e sementes** | | |
| ♥ Amêndoa | Cálcio, magnésio, potássio, zinco, ácido fólico e vitaminas B e E | Boa fonte de proteína, calmante, sedativa, alimento para a pele |
| ♥ Macadâmia (p. 25) | Cálcio, potássio, baixo sódio, rica em fibras e ácidos graxos essenciais (monoinsaturados) | Remove toxinas, abaixa o colesterol e contém óleos antienvelhecimento |
| ♥ Nozes (p. 25) | Potássio, cálcio, magnésio, zinco, ácido fólico, vitaminas C e E e ácidos graxos essenciais ômega 3 e 6 | Ajuda a função renal e pulmonar, fonte potente de ácidos graxos essenciais para o cérebro e a função cognitiva e reguladora do humor; melhora o metabolismo |
| ♥ Semente de girassol (p. 25) | Cálcio, magnésio, vitaminas A, do complexo B, D, E e K, zinco, manganês e ácidos graxos essenciais ômega 3 e 6 | Fonte riquíssima de proteína, similar a ovos, carne e laticínios; contribui para a saúde ocular; a pectina remove toxinas e metais pesados |
| **Diversos** | | |
| ♥♥ Água de coco | Magnésio, zinco, potássio, ácido fólico e vitamina C | Muito reidratante, regula e auxilia o metabolismo da tireoide na produção de energia |
| ♥ Tofu | Cálcio, magnésio, potássio, ferro e vitaminas A e K | Fonte perfeita de proteína para vegetarianos, abaixa o colesterol e equilibra os hormônios |

# Aprenda novos hábitos alimentares

Ao adotar um novo método de alimentação saudável, não é só o que se come que importa - também é essencial como se come. Você sempre carrega alguma coisa para consumir durante o dia? Passa um longo período sem se alimentar e depois come demais? Se respondeu sim, é hora de fazer mudanças positivas na quantidade e na maneira como se alimenta, adquirindo um novo hábito.

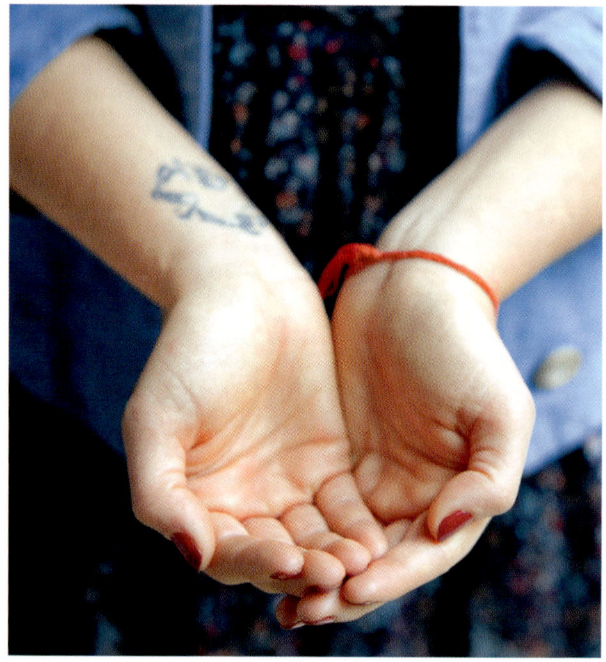

## O tamanho da porção

Qual o tamanho ideal de uma refeição? Propostas não faltam. A maioria leva em conta o peso dos alimentos ou o teor de gordura e calorias. Nós acreditamos que essas abordagens não são saudáveis nem equilibradas. E é difícil acreditar que milhares de pessoas ainda usem esses métodos arcaicos irrelevantes para o dia a dia. A cultura de "calorias ingeridas/calorias gastas" é exageradamente simplista e prende a pessoa à balança do banheiro, à fita métrica e à balança da cozinha. A única razão para darmos medidas detalhadas na seção de receitas é orientar você no início. Depois, a ideia é que experimente as proporções de acordo com seu gosto - uma pitada disso, uma colher daquilo.

### Mãos em concha - *suas* mãos, *seu* estômago

Em termos de nutrição, recomendamos um jeito de controlar o tamanho das suas porções que o libertará das medições tão restritivas. Veja a foto à direita: junte *suas* mãos em concha, e *elas* o guiarão à quantidade certa para o *seu* estômago. ***Hoje se sabe que o tamanho das mãos de uma pessoa equivale aproximadamente ao tamanho de seu estômago (o tamanho e formato são tão individuais quanto a impressão digital)***.

Pode parecer pouco, mas você verá que é mais que suficiente se colocar toda a sua refeição nas mãos em concha e depois a distribuir sobre um prato. O problema é que, na dieta tipicamente ocidental, estamos acostumados a consumir porções muito maiores.

***Lembre-se de que não estamos fazendo aqui uma mudança temporária na alimentação,*** estamos estabelecendo princípios para a vida toda, que funcionam para todos e sem entrar em debates como "eu não devia comer aquilo" ou "comi demais". Estabelecer medidas-padrão é irrelevante, pois somos muito diferentes - como se pode esperar que um homem de 1,90 m coma tanto quanto uma mulher de porte miúdo de 1,50 m? Daí o mote "*suas* mãos, *seu* estômago".

É mito que comer excessivamente dilata o estômago ou que passar fome tem o efeito oposto – se você fica dois dias sem se alimentar, seu estômago vai reclamar um pouco quando retomar. Se está acostumado a comer demais, é possível que não saiba quando está satisfeito, porque provavelmente come "sem atenção" (ver abaixo, "Comer conscientemente").

**Tigelas e pratos menores**

Recomendamos que você comece uma coleção de tigelas e pratos menores do que os que costuma usar. Atualmente é moda servir as refeições em pratos muito grandes, imitando os restaurantes – lembre-se de que geralmente servem porções pequenas em pratos grandes para obter um efeito mais atraente! Seja honesto consigo mesmo e reorganize os armários da cozinha. Use os pratos grandes como travessa e tigelinhas para petiscos para servir a sopa como entrada. Se a sua refeição for de prato único (como o Risoto de abóbora-cheirosa, p. 129), use um prato de sopa de tamanho normal (18 cm) ou uma tigela de servir pequena e funda (12-15 cm de diâmetro). Um prato raso de 25 cm é mais do que suficiente para todas as receitas e combinações de pratos que sugerimos – e não precisam ficar totalmente cheios (ver p. 22, "A pilha de alimentos").

## Comer conscientemente

Com que frequência você come com consciência e pensa a respeito do que está ingerindo? Saboreia a textura e aprecia o aspecto da comida ou engole tudo o mais rápido possível? É comum fazer as refeições com pressa, mas essa é a pior maneira de alimentar o corpo – não é de admirar, portanto, que muitos não percebam quando estão satisfeitos. O corpo humano dispõe de um incrível mecanismo chamado nervo vago, que conecta o estômago ao hipocampo, a área do cérebro responsável pela saciedade. ***Quando você come rápido e sem concentração, as mensagens que o cérebro manda por esse nervo para o estômago para avisar que já basta passam em grande parte despercebidas***. Por isso, tantas pessoas têm problemas sérios de sobrepeso. Comem ao telefone, em frente à televisão ou ao computador. Simplesmente não estão conscientes.

**Alimentação BEM consciente**

**B – Bloqueie horários na agenda** para fazer refeições tranquilas, que sejam uma atividade em si. Reserve pelo menos 20 minutos para as principais – mais, se puder. Não faça nada ao mesmo tempo, além de conversar com quem estiver à mesa – esqueça livros, jornais, televisão, rádio, tablet, celular. Observe *o que há em seu prato*.

**E – Envolva-se** – observe cor, textura e tipos de comida à sua frente. A refeição deixa de ser simplesmente carne, verdura e batata (na nossa proposta, sem nenhuma carne, mas com muita proteína de fontes vegetais, como oleaginosas, cereais, brotos, derivados da soja e alguns queijos).

**M – Mastigue muito bem** e apoie os talheres enquanto isso, em vez de engolir a próxima garfada antes mesmo de ter terminado a anterior. Dê tempo para que as enzimas secretadas pelas parótidas, glândulas situadas na base da boca, se misturem à saliva e se combinem com a comida, para degradá-la até transformá-la praticamente em um líquido. Experimente fazer isso na próxima vez que comer e pergunte-se: "Eu mastigo duas vezes e engulo ou mastigo até liquefazer?". Muitas práticas de ioga determinam que se mastigue ao menos 30-50 vezes antes de engolir, para garantir uma digestão adequada. Ninguém engasga com líquidos, mas muita gente se engasga com pedaços grandes quando come correndo! A prática de comer lentamente e com atenção dá um sabor completamente diferente aos alimentos, na medida em que mastigar e misturar o alimento com as enzimas da saliva o torna bem mais doce do que seus componentes originais. Isso é especialmente bom para quem sente falta de alimentos doces ou açucarados ao adotar a dieta alcalina.

## A pilha de alimentos

O importante é saber distribuir as porções para obter o equilíbrio correto entre carboidratos, proteínas e ácidos graxos essenciais, uma vez que todos devem ser incluídos em cada uma das refeições principais (ver coluna à direita). Ao montar a pilha de alimentos incluindo os três grupos alimentares, você terá sempre uma refeição saudável e equilibrada (ver p. 12, "Conheça os grupos alimentares").

**Como fazer a pilha**

Com o nosso método da pilha, todas essas questões ficam bem mais simples – imagine construir uma casa a partir da fundação (ver ilustração na p. ao lado, embora não seja possível mostrar a camada superior).

**Lascas de coco, manteigas e óleos de oleaginosas e sementes, azeite e limão-siciliano são a cobertura**, fornecendo ácidos graxos essenciais para o sistema nervoso e dando elasticidade às camadas interna e externa da pele. **10-15% do total do prato**

**Oleaginosas, sementes, brotos, tofu, carne de soja, feijão e demais leguminosas são a terceira camada** do prato, como se fossem os tijolos para construção e reparação. Esses alimentos geralmente levam mais tempo para serem mastigados e digeridos e retardam a liberação de energia do prato como um todo. **20-25% do total do prato**

**Verduras e legumes assados, grelhados, cozidos no vapor ou crus formam a camada seguinte** da pilha, proporcionando fibras, vitaminas e minerais que vão alcalinizar o prato, além de cor e contraste (essenciais não só ao aspecto, mas também à textura e à variedade de nutrientes da refeição). **30-35% do total do prato**

**Cereais ou batatas formam sempre a base da pilha**, por exemplo: arroz integral, aveia, centeio, painço, quinoa e trigo-sarraceno. Os carboidratos complexos produzem energia duradoura, fornecendo a base da pilha, ou parte principal da refeição. **30-35% do total do prato**

# Melhor prevenir do que remediar

É comum mudarmos nossos hábitos alimentares e estilo de vida só depois do aparecimento de uma doença. Sabemos que as pessoas se sentem bem quando adotam a dieta alcalina. Ela é uma escolha que, embora exija tempo e dedicação, oferece muitas recompensas. Queremos que comece a almejar não apenas uma saúde boa, mas ótima!

## Como uma doença se desenvolve no organismo

A imunidade é vital para a saúde como um todo. Um exército formado por diversos tipos de células de defesa está presente na corrente sanguínea, principalmente no trato digestivo, que é a nossa interface com o mundo exterior. Estima-se que 70% das células do sistema imunológico estejam no intestino, fato facilmente identificável quando aparece uma dor de barriga ou, pior, uma intoxicação alimentar. Essas células estão presentes ao longo de todo o trato digestivo, desde a boca até o intestino grosso, cuidando para que patógenos invasores sejam liquidados no local adequado ou eliminados do organismo o mais rapidamente possível.

## Reconheça a toxicidade em seu organismo

Leia com atenção os sintomas de toxicidade no quadro à direita e descubra o quanto o seu organismo está sobrecarregado.

**Sintomas de toxicidade**

Você se surpreenderá ao perceber quantos destes sintomas tem:

**Dor de cabeça/enxaqueca**
**Dores articulares e/ou musculares**
**Indigestão**
**Azia**
**Inchaço**
**Prisão de ventre**
**Diarreia**
**Cólica estomacal**
**Mau hálito**
**Gosto metálico na boca**
**Gengiva sensível**
**Intolerâncias alimentares**
**Menstruação com excesso de dor**

**Lacrimejamento ou coceira nos olhos**
**Falta de ar**
**Sudorese**
**Irritações na pele (eczema, psoríase)**
**Pele seca**
**Perda de cabelo sem causa aparente**
**Cabelo escorrido ou sem brilho**
**Acne ou manchas constantes na pele**
**Celulite**
**Insônia**
**Sono intermitente**
**Fadiga**

**Variações de humor**
**Depressão**
**Falta de motivação**
**Incapacidade de se concentrar**
**Irritabilidade**
**Raiva**
**Desejo compulsivo de comer açúcar**
**Desejo compulsivo de comer alimentos salgados**
**Comer compulsivamente**

Alguns desses sintomas podem ter outras causas, mas, ao adotar a dieta alcalina por apenas três semanas, você perceberá que muitos deles simplesmente desaparecem. Por que não investir esse tempo e comprovar por si mesmo?

## As alergias e intolerâncias podem ser a resposta

As alergias alimentares são reações imediatas, graves e potencialmente letais, como o edema de boca e lábios e o fechamento da garganta, impedindo a passagem do ar para os pulmões. Isso se chama anafilaxia, e, felizmente, sua ocorrência é relativamente rara. As intolerâncias alimentares, entretanto, são bem mais frequentes, e, muitas vezes, mais difíceis de detectar, uma vez que a reação pode ocorrer até 70 horas depois da ingestão do elemento causador. Existem várias maneiras de testar a sensibilidade aos alimentos – em geral, os exames de sangue têm resultados mais confiáveis, já que a maioria das reações ocorre na corrente sanguínea.

Manter um diário detalhado de "alimento x sintoma" poderá lhe oferecer respostas sem a necessidade de se submeter a uma análise laboratorial. Por exemplo, ***se você tem dor de cabeça forte com regularidade, faça durante algumas semanas um gráfico de quando ela ocorre e verifique com que frequência o problema coincide com a ingestão de alguns alimentos.***

Uma relação conhecida é entre a dor de cabeça e o consumo de chocolate produzido industrialmente, com componentes como açúcares e adoçantes em vez das alternativas mais naturais como cacau e agave, yacon e xilitol, que incluímos em nossas receitas. Queijo, vinho tinto e cafeína também contêm elementos associados a enxaqueca e dor de cabeça forte.

A urticária e outras irritações de pele são associadas com o morango e outras frutas vermelhas (que podem ser demasiadamente ácidas para o organismo, apesar de doces ao paladar). Entre as associações menos conhecidas, estão as de produtos à base de trigo, como pães, biscoitos e bolos, com fadiga e depressão leve; as de ovos com dores articulares e musculares; e as de cogumelos, leveduras e outros fungos com fadiga crônica, sintomas de gripe permanentes, pouca energia e baixa disposição.

O que acontece com o organismo nesses casos?

### A resposta é *inflamação*

A inflamação é considerada atualmente a principal causa de boa parte das doenças crônicas, incluindo problemas cardiovasculares, pulmonares, digestivos e dermatológicos. A inflamação de *qualquer* tecido do corpo atrai mais fluido para o local, resultando em um desequilíbrio de eletrólitos (como sódio, potássio, cálcio e magnésio) em nível celular, que o organismo procura manter a cada instante.

## Alimentos campeões em energia alcalina

Listamos nas pp. 16-9 nossos alimentos preferidos, presentes na maioria de nossas receitas, bem como seus índices de alcalinidade e seus efeitos no organismo. Procuramos criar cardápios bastante variados e balanceados em relação ao conteúdo ácido/alcalino, tentando seguir a proporção mágica de 80:20 – a meta é consumir aproximadamente 80% de alimentos alcalinos por refeição, ou por dia, o que contribuirá bastante para manter as funções naturais do organismo. Experimente!

### Minerais mágicos

O cálcio, o magnésio, o potássio e o fósforo estão presentes em todos os alimentos alcalinos. São minerais vitais para a regulação do pH dos fluidos corporais. Os dois primeiros também trabalham em equilíbrio para regular os batimentos cardíacos, a produção de tecido ósseo e de ligamentos, a regulação e as respostas do sistema nervoso, da função cognitiva e do humor. Já o ferro e o iodo são necessários ao transporte sanguíneo, à saúde cardiovascular e ao metabolismo, regulado pela glândula tireoide.

### Proteínas perfeitas

É importante ressaltar que existe proteína em qualquer oleaginosa, semente ou grão que, uma vez plantado, dê origem a uma árvore ou flor bem maior – o exemplo é o girassol, cujo tamanho suplanta em milhares de vezes o da semente que o originou. Destacam-se também a soja (feijão e tofu), que fornecem todos os oito aminoácidos essenciais para a reconstrução e o reparo de tecidos, a boa imunidade e a produção de energia.

Você notará que em algumas de nossas receitas constam alimentos considerados acidificantes, como arroz integral, quinoa, lentilha e macadâmia. Eles são classificados como "alcalinos" nas tabelas das pp. 16-9 e foram incluídos porque são tão ricos em nutrientes que, quando combinados com muitos alimentos alcalinos na mesma receita, têm uma resultante predominantemente alcalina. A natureza jamais teria nos dado esses alimentos se não oferecessem benefícios. Esse é um exemplo perfeito de quando consumir alimentos acidificantes – usamos alguns laticínios que não são derivados de leite de vaca, como o feta e o halloumi, menos acidificantes e provedores de cálcio e minerais essenciais, mas sempre acompanhados de legumes, verduras, molhos ou saladas extremamente alcalinos. Lembre-se de que quanto mais natural o estado do alimento, maior seu teor alcalino.

## Como um estado alcalino pode auxiliar na cura de doenças

Uma dieta muito acidificante baseada em proteína animal pode resultar em inflamação intestinal (sendo as mais graves a colite ulcerosa, a síndrome do intestino irritável e a doença de Crohn), em rinite crônica e em problemas de pele (como eczema e psoríase). Como a carne é de difícil digestão, e os derivados do leite e do trigo são consumidos no dia a dia, não admira que tanta gente sofra de pequenos males ou desconfortos. Infelizmente, poucos médicos entendem – ou têm conhecimento – sobre a conexão entre os alimentos ingeridos e as doenças decorrentes.

***A boa notícia é que, ao equilibrar o consumo de alimentos ácidos e alcalinos, uma mudança enorme pode acontecer.*** Poucos dias depois de eliminar o consumo dos produtos que estão causando inflamação ou intolerância, as dores ou problemas começam a desaparecer, à medida que o corpo inicia o processo de cura e o reparo de danos. É por essa razão que recomendamos a etapa de "Desintoxicação" (pp. 32-7), na qual *todos* os alimentos e as bebidas potencialmente prejudiciais são excluídos da dieta, enquanto os alimentos vivificantes e energéticos são consumidos em abundância, para limpar e alcalinizar o organismo. Em seguida, vem a fase "Estilo de vida" (pp. 38-42), um programa para garantir uma saúde cada vez melhor, sempre.

Alimentos alcalinizantes começam por "equilibrar" cada célula do corpo, favorecendo os processos naturais de produção de energia e de eliminação dos resíduos, ao estabelecer o equilíbrio eletrolítico correto entre sódio e potássio. Sem entrar em detalhes técnicos, pode-se dizer que a vitalidade de uma célula depende de uma quantidade suficiente de nutrientes para permitir seu ótimo funcionamento, e isso acontece muito mais rápido em um meio alcalino. Se o fluido que envolve as células for muito ácido, o equilíbrio entre sódio e potássio é perturbado, o que causa desidratação celular. Quando mencionamos "hidratar" o corpo, não é apenas "beber bastante água" – nos referimos a sucos ricos em nutrientes, vitaminas verdes e complementos alcalinizantes para adicionar à água. Tudo isso já se encontra com facilidade em lojas de produtos naturais ou on-line (ver p. 192, "Fornecedores no Brasil").

## Faça o teste e comprove!

Sugerimos a ingestão de, no mínimo, dois sucos por dia durante dez dias para avaliar a melhora daquilo que o aflige no momento – dor de cabeça e outras dores, resfriados e infecções frequentes. À medida que o organismo começar a reequilibrar o pH, os sintomas começarão a diminuir, e a força da dieta alcalina se revelará.

# Qual é a sua tentação?

Com certeza existem comidas que você julga difíceis de abandonar – não é de admirar, porque elas foram projetadas para viciar! Se pensarmos no coquetel de açúcares e adoçantes, aditivos e sal que compõe a lista de ingredientes dos cereais matinais e pães comerciais, por exemplo, a farinha e a água usadas como aglutinantes são quase secundários!

No entanto, é importante observar com atenção a quantidade de alimentos desse tipo que você consome no seu dia a dia. Isso é relevante quando se observa o equilíbrio ácido/alcalino, pois a maior parte dos ingredientes deles é acidificante – a ironia é que, em parte, é isso que provoca dependência. ***Ao adotar um programa de alimentação predominantemente alcalino, a vontade de ingeri-los diminuirá e desaparecerá com o tempo, a partir da modificação do seu paladar.***

Vícios e compulsões alimentares costumam ser indicativos de um organismo desequilibrado e de deficiência de nutrientes específicos. Enquanto a maioria das vitaminas está disponível em frutas, verduras e legumes, são os minerais dos cereais, oleaginosas e sementes integrais e dos derivados da soja que nos alimentam no nível celular, deixando uma sensação de saciedade e de calma, mas com energia. Desfrutar desses benefícios compensa o tempo e o esforço investidos no início do processo para se desapegar da comida ruim.

## Reconheça seus "gatilhos"

Para a maioria das pessoas, existem situações específicas que desencadeiam o ato de comer algo sem valor nutricional real. Identificar tais momentos é a chave para fazer opções de melhor qualidade.

Analise quais emoções negativas (como tédio, cansaço ou tensão pré-menstrual) ou situações específicas (como sair sem tomar café da manhã ou fazer hora extra) o levam a abrir uma embalagem de biscoito, salgadinho, chocolate ou amendoim, ou a consumir bebida alcoólica, refrigerante ou mais um café. É possível que você viva emoções ou situações recorrentes que o fazem pensar em desculpas como "eu preciso" ou "eu mereço". Serão essas comidas e

bebidas de fato agrados? Será que elas fazem mesmo você se sentir melhor?

***É importante se lembrar de que qualquer comida ou bebida que lhe dá energia instantânea provavelmente o fará se sentir ainda mais caído adiante***. Isso ocorre porque aditivos, açúcares e adoçantes, bebidas cafeinadas e outros estimulantes interferem no equilíbrio delicado da regulação do açúcar no sangue. Isso gera uma montanha-russa de constantes altos e baixos, sempre terminando embaixo – cansado, irritado e menos motivado a se cuidar.

## Comece o dia da maneira como pretende continuar

***Recomendamos começar seu dia com um tônico de nutrição alcalina.*** Nada tem melhor efeito do que uma vitamina ou suco verde de manhã para regular o nível de açúcar do sangue já de início (pp. 24 e 46-8). Se acrescentar ao suco um pouco de proteína, como semente de cânhamo ou de linhaça triturada, prolongará a liberação de energia, além de evitar os altos e baixos associados ao café forte e ao chá. A maneira como se começa o dia determina como serão as horas subsequentes, pois optar por croissants ou torrada com geleia fará você procurar mais do mesmo nas horas seguintes e acabará por gerar fadiga e falta de concentração. Você só precisa de alguns minutos para preparar um suco fresco – os nossos foram criados para ser uma refeição completa.

## O melhor dos pães

Ao folhear a seção "Pães" (pp. 160-3), você verá que os integrais de boa qualidade, preparados sem açúcar, mas adoçados com canela, noz-moscada, coco e calda de agave, lhe permitirão saborear alternativas deliciosas, ricas em vitaminas do complexo B para fornecer energia e minerais que dão suporte aos sistemas imunológico, nervoso e cardiovascular. Quando a receita inclui oleaginosas e sementes, a proteína fará a energia durar ainda mais. Além disso, o cozimento em baixa temperatura preserva os ácidos graxos essenciais.

## Livre-se do baixo astral chocólatra

O cacau, matéria-prima de todos os chocolates, foi

descoberto na América do Sul há milhares de anos e contém nutrientes antioxidantes que protegem contra o dano celular. É também rico em magnésio, que ajuda a relaxar e confere um bem-estar geral. Como tem sabor amargo, o produto comercial em barras e bombons tem açúcar adicionado para impedir que as partículas sólidas do leite nessa versão fiquem rançosas. Não é o cacau que vicia, é o açúcar - sem, obviamente, trazer qualquer benefício.

***Adoramos o cacau - por isso ele está presente em muitas de nossas receitas*** (ver p. 148, "Petiscos e lanches", e p. 168, "Sobremesas").

## Deixe o sal para o mar e para o Himalaia

O sal era usado no passado para preservar carnes e peixes antes do advento da geladeira e quando os pescadores passavam várias semanas no mar. Não é mais o caso. Somos bastante exigentes ao verificar datas de validade e podemos nos dar ao luxo de comprar alimentos frescos todos os dias. A maioria dos legumes e verduras contém teores adequados de sal e nutrientes (ver tabelas nas pp. 16-9), e não há necessidade de acrescentar mais às preparações. Use ervas e especiarias para adicionar sabor. O sal do Himalaia, usado nas receitas, é rico em minerais; nele o sódio está equilibrado com muitos outros nutrientes vitais, contribuindo para aprimorar o equilíbrio do organismo. A maior parte do sal produzido comercialmente é processada e perde muitos dos outros minerais essenciais.

Compulsão por sal normalmente indica deficiência de minerais - mais especificamente de zinco, que ajuda a regular a sensibilidade das papilas gustativas. É vital também para uma boa imunidade, além de auxiliar a função da glândula suprarrenal, que regula a resposta ao estresse. Essa é a razão de se optar por lanches salgados em casos de tensão ou cansaço extremo. Comer cuscuz de arroz integral, quinoa ou cevada com sementes de abóbora e girassol para ingerir zinco proporciona um bem-estar muito maior.

## Bolhinhas do bem, bolhinhas do mal

Nada é adicionado ao verdadeiro champanhe francês para que ele se torne efervescente - o método de fermentação e a maneira de virar as garrafas geram as bolhas. As presentes nas latas de refrigerantes são sintéticas, criadas com um coquetel de substâncias químicas e aeração. No organismo, afetam o sistema nervoso e trazem a sensação artificial de animação, com a inevitável baixa de energia posterior. Mais uma vez, a taxa de açúcar no sangue é abalada. ***O único ingrediente natural que há em uma lata de refrigerante de cola é água!*** Por que não beber água naturalmente gasosa com algumas fatias de gengibre, um talinho de erva-cidreira ou um ramo de hortelã fresca para se animar? A adição de uma pitada de pimenta-de-caiena lhe oferecerá mais energia do que você precisa. E os pós superverdes que contêm espirulina e chlorella, extremamente alcalinas, fornecem os nutrientes altamente biodisponíveis de que seu corpo precisa.

## Cafeína – bom ou ruim?

Mesmo sendo o café um fruto natural, a cafeína que ele contém faz mais mal do que bem a longo prazo. ***Consumir grãos moídos na hora não desequilibra, mas o consumo diário remove minerais essenciais dos ossos e de outros tecidos para auxiliar no bom funcionamento dos rins.*** A cafeína usada em refrigerantes de cola é sintética e bem mais prejudicial, interfere no sistema nervoso e nas vias da serotonina e dopamina - quando consumida em excesso, é praticamente um depressivo.

## Mude os hábitos

Eles se estabelecem por meio da repetição. Decidir mudar um hábito não é nada mais do que uma escolha. Medos do tipo "como me sentirei?" ou "como passarei sem?" só podem diminuir com a decisão de trocar algo que o prejudica por uma opção melhor. O melhor momento é agora.

Algumas comidas e bebidas são tão tóxicas que parar de consumi-las pode causar dor de cabeça e nos músculos, que melhoram em poucos dias - o exercício físico acelera o processo de eliminação das substâncias prejudiciais. É isso que acontece na fase de *Desintoxicação* - eliminam-se os resíduos tóxicos armazenados nas células adiposas que prejudicam o desempenho do organismo.

# Upgrade

Usamos a expressão "fazer um upgrade" para motivar amigos e clientes a empreender mudanças pequenas, significativas e graduais em seus hábitos alimentares. Não se trata de jogar a despensa fora e começar a germinar sementes logo no primeiro dia.

***Comparamos a experiência com a de trocar uma passagem aérea da classe econômica para a executiva: pode custar um pouco mais de tempo e esforço, mas o conforto e a melhoria na saúde e na nutrição renderão dez vezes mais benefícios.*** A boa alimentação não custa necessariamente mais. Adquirir ingredientes frescos no mercado já resolve vários aspectos: apoia-se agricultores da região e produtores específicos, em vez de sustentar infinitas importações; compra-se produtos da época; e dá-se mais atenção ao equilíbrio e à combinação dos alimentos. Em outras palavras, logo você estará comprando menos e aproveitando mais.

## O que fazer primeiro?

Você pode adotar nosso upgrade em etapas, para sentir que tem controle sobre as alterações e para perceber os benefícios à medida que avança. ***Se focar em suas questões particulares de saúde, terá enormes recompensas.*** Por exemplo: se sofre com resfriados e infecções respiratórias frequentes, rinite crônica ou problemas de ouvido, nariz e garganta, é melhor começar trocando o leite de vaca, pois é o soro dele que causa irritação. As alternativas são os leites de oleaginosas (macadâmia, p. 53, e amêndoa e castanha-do-pará p. 57), o queijo ou o iogurte de soja, o feta e o halloumi. Em poucos dias você observará mudanças positivas, e seu nível de energia aumentará à medida que a influência da intolerância se dissipar.

Para quem tem síndrome do intestino irritável, inchaço, gases ou dores abdominais, o melhor seria começar eliminando todo o trigo, presente nos pães com fermento biológico, nas massas, nos biscoitos, nos bolos e similares. Este livro está repleto de pratos sem trigo e sem glúten, como panqueca, granola, brownie de chocolate e massas de trigo-sarraceno ou de arroz. Para a maioria das pessoas, inclusive as que não têm a síndrome ou problemas correlatos, os benefícios também valerão o esforço. As receitas de pães são feitas com farinha de espelta, que, embora contenha glúten, é bem tolerada por boa parte dos celíacos (pessoas que têm intolerância permanente ao glúten).

## Cozinhe de maneira mais saudável

Ao fazer substituições simples (ver p. 31), você mesmo pode preparar comidas supernutritivas em poucos minutos. Não se preocupe em fazer tudo do zero desde o início – procure variantes prontas da alternativa "melhorada".

## Upgrades simples e inteligentes

**De** suco comprado pronto
**Para** suco feito na hora ou bebida verde mista
**Benefícios** Suco não coado feito em casa com verduras, frutas e legumes inteiros conserva todas as vitaminas, se consumido no mesmo dia. Também contém fibras que fazem baixar o colesterol e que são eliminadas dos sucos comerciais.

**De** smoothie comprado pronto
**Para** versões caseiras com leite de soja ou de oleaginosas, frutas frescas e adição de semente de linhaça
**Benefícios** Os leites de soja e de oleaginosas têm bom teor de cálcio e proteína, sem os açúcares que normalmente são adicionados aos produtos vendidos no supermercado. As sementes acrescentam mais ácidos graxos essenciais, benéficos para o sistema nervoso, a memória e a pele, além de regular os hormônios.

**De** granola, cereais matinais e iogurte comprados prontos
**Para** Granola incrementada (p. 56)
**Benefícios** Há tempos a aveia é uma aliada de quem precisa controlar as taxas de colesterol no sangue. Hoje, o cereal também é essencial para ajudar a controlar e/ou prevenir o diabetes tipo 2: as fibras permitem que a glicose seja absorvida de forma lenta e gradual, o que, por sua vez, regulariza a liberação de insulina.

**De** sopas compradas prontas
**Para** sopas caseiras com adição de leguminosas
**Benefícios** Inúmeros! Teores de minerais e vitaminas bem mais altos, variedade e alcalinidade. As sopas caseiras são ótimas para aproveitar verduras e legumes que sobraram de outras receitas, além de ter mais proteína graças à adição de leguminosas, escassas nas sopas prontas.

**De** lasanha pronta
**Para** legumes ao forno preparados em casa
**Benefícios** Legumes e verduras mais frescos, sem o sal e outros aditivos necessários para manter a versão comercial com um aspecto "bonito". Além disso, você pode fazer uma cobertura deliciosa e nutritiva com nozes e castanhas picadas, aveia ou sementes.

**De** saladas de macarrão prontas
**Para** salada caseira com macarrão de quinoa, arroz integral ou trigo-sarraceno, ou com cereais mistos e raízes com feta ou tofu defumado, mais sementes, nozes e castanhas
**Benefícios** O teor de minerais contidos na quinoa e no trigo-sarraceno integrais e cozidos em casa é bem mais alto que o do macarrão industrializado, e esses cereais não provocam inchaço.

**De** molhos prontos para salada
**Para** molhos caseiros variados para se ter na geladeira
**Benefícios** Nada mais rico em sabor e variedade do que um molho feito em casa. As versões comerciais contêm aditivos, açúcar e sal para prolongar a validade.

**De** café e chá-preto
**Para** chás de gengibre, erva-cidreira, erva-doce e hortelã; café de raiz de dente-de-leão ou chicória
**Benefícios** Ingredientes frescos estimulantes dão ânimo naturalmente, sem queda de energia subsequente relacionada à cafeína, sem ansiedade e sem celulite (a cafeína é armazenada nas células adiposas e dá a aparência de casca de laranja).

**De** pão de forma branco e croissant
**Para** pão de centeio ou pão preto industrializado, pão ázimo de semente de girassol ou abóbora, pão caseiro de bicarbonato com centeio, Pão de coco (p. 60), pão integral para wrap e panqueca de trigo-sarraceno
**Benefícios** Evitando pães industrializados, você consome menos açúcares e sal. Os pães integrais têm maior teor de vitaminas e minerais, são mais saborosos e substanciosos.

**De** pudins e sobremesas lácteas prontos
**Para** sorvetes e bolos caseiros
**Benefícios** Sem açúcares nem aditivos viciantes, podem conter frutas frescas. Feitos com a proteína do leite de oleaginosas, são imbatíveis em benefícios!

# Desintoxicação

Muita gente acha que limpeza é algo que o organismo faz naturalmente, sozinho – e faz, mesmo. No entanto, com a carga tóxica dos alimentos e bebidas industrializados e dos produtos químicos presentes no ar que respiramos todos os dias, não é de admirar que seja necessário tomar providências mais drásticas em relação a essa toxicidade, várias vezes por ano.

## Quando fazer uma desintoxicação

Na dieta alcalina, recomendamos fazer uma desintoxicação a cada mudança de estação, quando o organismo deve se adaptar à mudança de temperatura. Nosso corpo é projetado para enfrentar essas mudanças.

Queremos deixar claro que nossa desintoxicação *não é* aquilo que costuma receber esse nome. Nosso organismo está continuamente eliminando toxinas por meio de urina, fezes e suor, e o fígado tem um sistema complexo próprio para desenvolver essa função. Nossa desintoxicação é uma maneira de colaborar com os sistemas naturais do organismo nesses processos, fornecendo comidas e bebidas densas em nutrientes que reconhecidamente auxiliem no processo de limpeza.

## Quanto tempo deve durar a desintoxicação?

Você pode fazê-la durante 5 a 21 dias, dependo do quanto deseja modificar seus hábitos alimentares. Para a primeira vez, experimente entre 7 e 10 dias e observe como se sente. Se estiver com mais energia (temos certeza de que estará), continue por mais uma semana, para depois passar para a fase Estilo de vida (p. 38) do programa.

***A primeira etapa da desintoxicação é suspender todas as comidas e bebidas que você consome dentro de um padrão regular ou viciante*** (ver p. 27, "Qual é a sua tentação?"), para aliviar a carga sobre o seu sistema digestório. Se o café for a droga de sua preferência, não tome; se um croissant de chocolate é o que lhe dá energia de manhã, você logo notará como se sente diferente sem ele.

## Como cozinhar durante a desintoxicação

Cozinhar no vapor, "saltear sem óleo", aferventar e, o melhor de tudo: comer cru e/ou marinado em suco de limão e azeite. Essas são as melhores maneiras de preparar todos os legumes e verduras, pois desse modo mantêm suas características nutritivas. Durante a desintoxicação, evite assar, fritar ou refogar, pois as temperaturas muito altas diminuem o potencial nutritivo do alimento.

## O preparo para iniciar a desintoxicação

Planeje a desintoxicação, certificando-se de que terá bastante tempo para relaxar e não precisará ir a almoços de negócio nem festas, nas quais dificilmente encontrará os alimentos corretos e poderá se sentir tentado a comer aquilo que não é recomendado. O ideal é ter tempo para fazer exercícios leves todos os dias – ioga, pilates, natação e dança são perfeitos, uma vez que recrutam todos os grupos musculares e, sobretudo, estimulam a digestão, ajudando a eliminar toxinas de maneira mais eficiente.

***Reservar um tempo para abastecer a geladeira diariamente é a chave do sucesso da desintoxicação.*** Comece com o "Cardápio para a fase de Desintoxicação" (p. 36). Você não sentirá fome se comer a cada 2 ou 3 horas – um suco, vitamina, sopa ou salada – nos primeiros dois dias. A partir daí, dá para esperar de 3 a 4 horas, pois o organismo já estará absorvendo nutrientes altamente biodisponíveis nas refeições. Beba bastante líquido para minimizar o desejo de comer nos primeiros dias.

Os benefícios de o organismo estar mais alcalino aparecerão em poucos dias. ***Você pensará com mais clareza, dormirá mais profundamente e terá mais energia e concentração. Sua pele ficará mais viçosa, os olhos, mais brilhantes, e sua vitalidade aumentará.*** Internamente, o sistema imunológico responderá livrando-se de antigas mazelas; os vírus podem até atacar, mas não por muito tempo, uma vez que o exército da imunidade começará a se fortalecer, e você terá um bem-estar como há muito não sentia.

Repetir a desintoxicação até quatro vezes no primeiro ano, por ocasião das mudanças de estação, é o ideal. Após a primeira, você poderá prosseguir para a fase Estilo de vida, aumentando a variedade de alimentos que pode consumir e escolhendo entre a ampla série de receitas da segunda parte deste livro. Bom proveito!

## Alimentos a evitar durante a desintoxicação

Recomendamos eliminar completamente da dieta os alimentos abaixo durante a desintoxicação:

**Carne vermelha, frango, peru, pato, todos os tipos de ovos, peixes e frutos do mar**
**Razão** São alimentos predominantemente acidificantes e podem levar entre 2 e 4 dias para percorrer o trato digestivo. Os que passam rapidamente limparão o organismo.

**A maior parte dos laticínios (leite e queijo de cabra, halloumi e feta de ovelha foram incluídos na fase Estilo de vida, mas NÃO na Desintoxicação)**
**Razão** São acidificantes. Além disso, a maioria dos laticínios (origem animal) tende a provocar a formação de muco nos tratos respiratório e digestivo, o que interfere na absorção de nutrientes.

**Café, chá, refrigerantes de cola, água com gás**
**Razão** São acidificantes e sobrecarregam as suprarrenais; além disso, inibem a absorção de nutrientes. Contêm taninos e corantes artificiais, frequentemente associados a dores de cabeça e enxaquecas. Em geral, as águas com gás têm alto teor de sódio.

**Todas as formas de açúcar**
**Razão** São acidificantes e desencadeiam picos e quedas na taxa de açúcar do sangue, provocando explosões artificiais de energia seguidas de fadiga. Além disso, alimentam bactérias patogênicas no intestino que provocam gases, inchaço, fadiga, dores de cabeça e musculares.

**Todos os pães, bolos e biscoitos feitos com farinhas com glúten (trigo, aveia, centeio e cevada)**
**Razão** Mesmo sendo altamente nutritivos, a aveia, o centeio e a cevada contêm glúten - a porção proteica do grão - que tende a criar uma massa "grudenta" num trato digestivo já congestionado. Cereais benéficos são importantes na fase Estilo de vida, mas não na Desintoxicação.

**Cuscuz, semolina, espelta (todos os derivados do trigo)**
**Razão** O trigo é o cereal que contém mais glúten, impedindo a limpeza do sistema digestório.

**Lentilha, aveia, manteiga de amendoim, feijão, grão-de-bico**
**Razão** Baixa alcalinidade e de digestão lenta. São alimentos benéficos na fase Estilo de vida, mas NÃO na Desintoxicação.

**Todos os cereais matinais industrializados**
**Razão** Excessivamente processados, contêm alto teor de açúcares, sal e outros aditivos. Sobrecarregam os rins na degradação de substâncias nocivas.

**Qualquer arroz (integral, vermelho e basmati)**
**Razão** Passagem lenta pelo trato digestivo.

**Todas as comidas "para viagem" e de conveniência**
**Razão** Excesso de aditivos e de processamento sobrecarrega o trato digestivo na "degradação" dos componentes não naturais contidos nesses alimentos.

**Todos os salgadinhos**
**Razão** Fritos e salgados, sobrecarregam os rins, deixando o corpo desidratado e desequilibrando os minerais sódio e potássio.

**Qualquer condimento (ketchup, molhos, vinagres, mostarda e picles)**
**Razão** Acidificantes, desequilibram os minerais sódio e potássio.

**Álcool, inclusive todos os vinhos, aperitivos e digestivos, destilados ou fermentados**
**Razão** Todo álcool forma açúcar no intestino e perturba a regulação natural do açúcar no sangue, além de estimular o desejo compulsivo por esse componente e por carboidratos. Também interfere na absorção de nutrientes.

## Alimentos a serem desfrutados durante a desintoxicação

A maior parte dos alimentos que você consumirá é de origem vegetal. São ricos em nutrientes que favorecem a limpeza no nível celular, além de fornecer as fibras necessárias para limpar completamente o trato digestivo. ***Podem ser consumidos crus ou cozidos, mas quanto mais próximos do estado natural, mais intactos estarão seus nutrientes.***

### Verduras verde-escuras

Couve, couve-lombarda, espinafre, rúcula, agrião, salsa, coentro e brócolis são excelentes em sucos (ver p. 37, "Sucos purificantes" e p. 46, "Smoothies verdes"), saladas, ou simplesmente cozidos no vapor, como acompanhamento.

### Plantas da família das liliáceas

Conhecidos pelas propriedades purificantes e por auxiliar na função hepática, a cebola, o alho-poró, o alho e a cebolinha contêm o aminoácido L-cisteína, do qual o fígado depende para eliminar certos alimentos e substâncias tóxicas. Ao serem cozidos no vapor, a cebola, o alho-poró e o alho se adocicam. Adicionados crus a sucos e vitaminas, melhoram a imunidade.

### Algas

Muito já se escreveu sobre o poder da alga verde-azulada microscópica encontrada nos lagos Klamath, estado de Oregon, Estados Unidos, considerados por alguns as únicas águas isentas de toxinas que restam no planeta. São a fonte mais rica de nutrientes vegetais, e muita gente já fez jejum durante vários dias alimentando-se apenas dessas algas vivas e água.

Não aconselhamos uma conduta tão drástica, mas incentivamos o uso diário de ½ colher (chá) de alga em pó dissolvida em 0,5-1 litro de água, misturada com sucos ou não. Quanto maior a concentração da substância na água, mais rica em nutrientes a bebida – experimente e comprove.

### Brotos de leguminosas e sementes

A opção mais rica em nutrientes durante a desintoxicação são os brotos. Incluídos na alimentação diária, esses "alimentos vivos" vão energizá-lo, pois fornecem as melhores combinações de proteína/vitamina/mineral. Tempere somente com azeite ou óleos de oleaginosas como nozes, avelã ou semente de abóbora, com suco de limão-siciliano ou de limão-taiti, mas não vinagre. Escolha variedades orgânicas frescas e verdes (evite aquelas cujas extremidades já estão marrons). O melhor é cultivar seus próprios brotos, o que é muito gratificante. O feijão-mungo-verde (também conhecido como feijão-moyashi ou mung dhal, que dá o broto comercializado como moyashi), a soja, a alfafa, a lentilha e a ervilha são os mais indicados para cultivar.

### Frutas

As únicas frutas recomendadas durante a desintoxicação são a maçã, o limão-siciliano, o limão-taiti e o grapefruit, na medida em que são as mais alcalinizantes. Pode-se incluir um pouco de abacate, excelente fonte de proteína, vitamina E e ácidos graxos essenciais – mas não todo dia, porque é gorduroso.

A maçã ajuda o fígado e a vesícula biliar a desempenhar sua função natural de limpeza. Acrescente-a inteira aos sucos para que fiquem um pouco mais doces; além disso, a pectina, que se encontra logo abaixo da casca, ajuda a remover as toxinas no intestino, com a fibra. Todas as outras frutas, inclusive as frutas vermelhas, devem ser deixadas para a fase Estilo de vida.

**Espirulina**

Considerada tão potente quanto a alga verde-azulada (p. 34), a espirulina é uma das menores plantas unicelulares, repleta de ferro e vitaminas do complexo B, inclusive a B12 (muito importante para o vegetariano, uma vez que é comum faltar em sua dieta). Segundo pesquisas, é excelente para melhorar a imunidade e auxiliar a desintoxicação hepática. Por isso, vale a pena adicionar uma colher de chá de espirulina em pó aos sucos e sopas frias – não aqueça, porque seus nutrientes se decompõem facilmente.

**Vegetais marinhos**

As algas como wakame, kelp, nori e kombu são todas alcalinizantes e contêm cálcio, potássio e ferro. São consideradas essenciais na macrobiótica, introduzida no Ocidente há cerca de 50 anos pelo japonês Michio Kushi, abordagem que leva o vegetarianismo ao extremo e pode ser difícil de seguir porque o preparo dos alimentos toma muito tempo. Para nossa Desintoxicação, você pode comprar algas frescas, mas, caso não as encontre, reidrate as secas e adicione em sucos, vitaminas e sopas. Também são benéficas, na medida em que removem toxinas e ajudam na digestão.

**Alternativas aos laticínios**

Embora vários leites de oleaginosas (pp. 53 e 57) sejam permitidos na fase Estilo de vida da dieta alcalina, somente o de amêndoa (p. 57) é recomendado durante a Desintoxicação, por ser muito alcalino e conter muito magnésio, que relaxa o corpo e a mente e promove o deslocamento mais rápido do alimento ao longo do trato digestivo. É fácil de preparar e é preferível às variedades comerciais, que muitas vezes são adoçadas. Ao escolher leite de soja, dê preferência ao orgânico. O de arroz *não* é adequado na Desintoxicação, embora possa ser usado de vez em quando na fase Estilo de vida, desde que seja feito com o grão integral (p. 57).

**Pó de proteína de semente de cânhamo, de semente de linhaça e de ervilha**

Atualmente, é fácil encontrar pós de ervilha e de sementes ricos em proteína. Os ácidos graxos essenciais encontrados nas sementes de cânhamo e de linhaça são potentes anti-inflamatórios e aumentam o teor de minerais em sucos e sopas. Também podem ser acrescentados a smoothies à base de soja para reconstrução e reparo de tecidos, uma vez que os teores de zinco, cálcio e magnésio são excelentes.

**Chá de ervas**

Como durante a maior parte da desintoxicação você vai tomar sucos e sopas e comer saladas cruas, é vital beber muito líquido para permanecer hidratado. Recomendamos variar entre 4 ou 5 chás ao longo do dia, para não estimular desnecessariamente nenhum dos órgãos com função purificante. Chás estimulantes como o de gengibre e de erva-doce são excelentes auxiliares da função purificante natural do fígado. É bom lembrar que água quente com limão-siciliano ou limão-taiti é de longe a mais alcalinizante de todas as bebidas quentes, e preparar um bule logo de manhã que dê para três ou quatro xícaras é ideal para acionar o sistema digestório. Não beba chá verde nem branco durante a Desintoxicação; como são levemente cafeinados, porém altamente antioxidantes, reserve-os para a fase Estilo de vida.

# Cardápio para a fase de Desintoxicação

## 1º DIA

**Manhã**
Água quente com limão-siciliano ou limão-taiti ao levantar
Smoothie para despertar (p. 47)
Mingau de quinoa com leite de macadâmia (p. 53)

**Almoço**
Wrap de faláfel (p. 70)

**Lanche**
Homus com espinafre e Casquinha de linhaça crua (p. 167)

**Jantar**
Ensopado de legumes e soja (p. 82)

## 2º DIA

**Manhã**
Água quente com limão-siciliano ou limão-taiti ao levantar
Suco redutor de toxinas (p. 37)
Panqueca de trigo-sarraceno (p. 52, sem a Compota de mirtilo, mas com iogurte de soja)

**Almoço**
Alcachofra com endro (p. 75) com salada verde fresca

**Lanche**
Biscoitos sem glúten com Dip de beterraba e nozes (p. 166)

**Jantar**
Sopa de erva-doce e pera (p. 80)

## 3º DIA

**Manhã**
Água quente com limão-siciliano ou limão-taiti ao levantar
Amor ao fígado (p. 37)
Granola de trigo-sarraceno e canela (p. 54) com Leite de amêndoa (p. 57)

**Almoço**
Salada de agrião, cebola assada e pistache (p. 88)

**Lanche**
Pasta de berinjela (p. 166) com vegetais crus

**Jantar**
Lasanha de vegetais (p. 112)

## 4º DIA

**Manhã**
Água quente com limão-siciliano ou limão-taiti ao levantar
Smoothie refrescante (p. 46)
Granola incrementada (p. 56) com Leite de amêndoa (p. 57)

**Almoço**
Espetinho de tofu picante (p. 124) e Espaguete de abobrinha ao molho de hortelã e manga (p. 126)

**Lanche**
Chips de couve (p. 159)

**Jantar**
Salada de cogumelo e erva-doce (p. 100)

## 5º DIA

**Manhã**
Água quente com limão-siciliano ou limão-taiti ao levantar
Suco hidratante (p. 37)
Torrada com avocado (p. 49) e um ovo poché

**Almoço**
Sopa de abóbora-cheirosa (p. 79)

**Lanche**
Manteiga de oleaginosas (p. 160) com vegetais crus

**Jantar**
Dhal de tomate e cogumelo (p. 127) com Tabule adocicado (p. 146)

# Sucos purificantes

A hidratação é muito importante durante a fase de Desintoxicação. As receitas abaixo contêm grande variedade de nutrientes que auxiliam o fígado, os rins e o intestino a eliminar as toxinas acumuladas. Eles ajudam a manter a energia em alta e vontade de comer açúcar em baixa.

## Redutor de toxinas

♥♥♥

1 erva-doce
½ pepino (ou 1 pequeno)
2,5 cm de gengibre
suco de ½ limão-siciliano
1 maçã-verde

## Amor ao fígado

♥♥♥

1 beterraba grande
2 punhados de espinafre
3 cenouras
½ punhado de salsa lisa

## Hidratante

♥♥♥

um punhado de brócolis
1 pera
2 talos de aipo
1 ramo de hortelã

## Estimulante da imunidade

♥♥♥

3 beterrabas
2 maçãs vermelhas
2,5 cm de gengibre
suco de ½ limão-siciliano
espremido na hora

## Divindade verde

♥♥♥

2 maçãs
um punhado de couve
½ pepino
um punhado de agrião

Para fazer qualquer um desses sucos, simplesmente bata os ingredientes em uma centrífuga ou no processador.

# Estilo de vida

Após completar a fase de Desintoxicação, você compreenderá o que é pensar com mais clareza, ter mais energia, acordar descansado e sentir-se motivado para adotar os princípios descritos anteriormente (ver p. 12, "Conheça os grupos alimentares", e p. 20, "Aprenda novos hábitos alimentares").

Não pretendemos que as pessoas aspirem a ter uma dieta 100% equilibrada. Em vez disso, as incentivamos a se nutrir com qualidade a maior parte do tempo, uma vez que já sabem como se sentem melhor ao eliminar as bobagens que comiam e bebiam nos últimos anos. Mesmo com restrições de tempo, dinheiro ou locais próximos onde obter ingredientes frescos, é necessário se comprometer com a própria saúde e se responsabilizar por agir no sentido de obter as melhorias.

## Equipamento de cozinha

Recomendamos que você adquira as ferramentas que facilitarão sua vida. Não é necessário comprar tudo de uma vez. Fique de olho nas promoções para os itens mais caros (centrífuga, processador, liquidificador potente) ou procure oportunidades nos sites de leilão. Esses equipamentos vão poupar seu tempo e facilitar a preparação das receitas. Uma visita a uma loja o animará a se tornar um verdadeiro chef em casa!

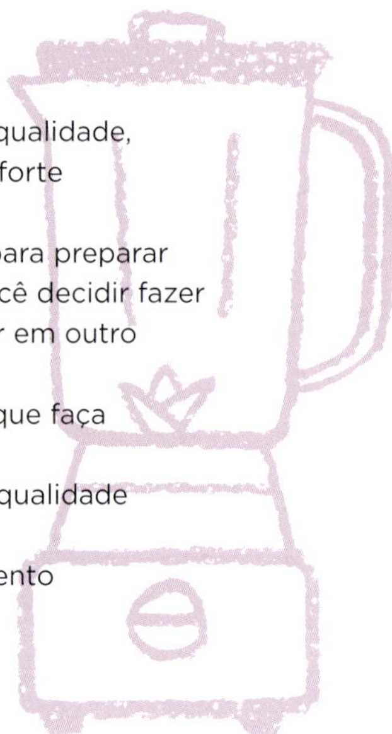

- Processador
- Liquidificador de boa qualidade, potente e com lâmina forte
- Centrífuga
- Mixer de mão (ótimo para preparar sopas e molhos até você decidir fazer um investimento maior em outro aparelho)
- Cortador de legumes que faça também tiras finas
- Jogo de facas de boa qualidade
- Tábuas de corte
- Panela de cozimento lento (slow cooker)
- Desidratador

## A DESPENSA

O primeiro passo é providenciar os ingredientes. Você precisa estar preparado!

Ter uma despensa com ingredientes secos e temperos é a base de uma cozinha bem preparada, que lhe permitirá criar uma refeição saudável com rapidez, a partir de alguns ingredientes frescos.

Para preparar a maior parte das receitas deste livro, tenha na despensa os ingredientes abaixo:

- Grão-de-bico, feijão-manteiga, feijão-fradinho, feijão rajado, feijão-roxinho
- Vários tipos de lentilha e ervilha seca
- Cevadinha, arroz integral, arroz vermelho da região de Camargue (França), macarrão de arroz preto, macarrão de trigo-sarraceno
- Algas secas (wakame, nori e dulse) e bonito em flocos (Katsuobushi)
- Frutas secas para comer com granola – damasco, cranberry, bagas de goji e uva-passa escura e clara
- Cominho, cúrcuma, mostarda em grão, canela, noz-moscada, pimenta-da-jamaica, louro, semente de coentro, semente de feno-grego, semente de cominho, pimenta em grão (preta e rosa), páprica, pimenta-de-caiena, sumagre
- Calda de agave, mel de flores de manuka (arbusto da Nova Zelândia), xilitol, xarope de yacon
- Castanha-de-caju, amêndoa, avelã, pecã, nozes (conserve na geladeira para mantê-las frescas)
- Tahine e manteigas de amêndoa, de avelã e de castanha-de-caju (conserve na geladeira)
- Manteiga e leite de coco
- Cacau em pó e manteiga de cacau
- Vinagre de maçã, vinagre balsâmico, molho tamari (molho de soja sem trigo), mirin (saquê doce)

## Como cozinhar

Todas as técnicas de cozimento usadas para a Desintoxicação (p. 32) também se aplicam à fase Estilo de vida, com a inclusão de verduras, legumes, tofu e cereais refogados no início do preparo da receita. Refogar com óleo permite amolecer os ingredientes a temperaturas mais baixas que as da fritura, sem passar do ponto ou degradar os nutrientes.

## Ervas e especiarias que curam

É uma boa ideia escolher receitas que usem uma, duas ou mais dessas ervas e especiarias com propriedades curativas. Em pouco tempo, você sentirá os benefícios.

### Cúrcuma

É o ingrediente que preferimos entre todos os demais – ***essa antiga especiaria é usada na medicina ayurvédica na Índia há mais de 3 mil anos para reforçar as células do sistema imunológico, prevenindo infecções, protegendo dos vírus e, possivelmente, impedindo o desenvolvimento de alguns tipos de câncer.*** Sua cor amarela é resultante dos curcuminoides, substâncias curativas presentes também no cominho, com propriedade anti--inflamatória e estimulante do fígado e da vesícula biliar nos processos naturais de desintoxicação.

### Gengibre

Outro favorito nosso. Melhor usar fresco, mas a versão em pó também é benéfica. Essa raiz estimula o fígado a eliminar toxinas, ajuda a melhorar o enjoo, combate o colesterol alto e a hipertensão e é um excelente tônico para a pele. ***Adoramos usar gengibre em smoothies verdes, pães, saladas e pratos principais para dar sabor e um pique a mais***.

### Pimenta-malagueta

Mais uma vez, sugerimos o uso do ingrediente mais fresco possível, mas não somos contra o uso da versão seca. O calor da pimenta vem de uma substância chamada capsaicina, encontrado em menor concentração nos pimentões. ***Ela estimula o metabolismo, auxilia o funcionamento da tireoide, ajuda a controlar o desejo compulsivo de consumir carboidratos e promove a digestão e a eliminação de toxinas***. Use com cuidado e evite-a à noite se tiver sono leve porque a pimenta-malagueta estimula sonhos vívidos!

### Alho

Muitas de nossas receitas levam alho (tanto fresco quanto em pó), por causa de suas propriedades curativas: ***é antibacteriano, antiviral, antiparasitário e auxiliar da função hepática***. Nenhuma cozinha saudável pode ficar sem esse ingrediente. A cisteína, aminoácido que ajuda o fígado nos processos de desintoxicação, é o principal componente curativo.

### Sumagre

Pouco conhecido até recentemente, embora usado há milênios para temperar e dar um sabor azedo a pratos crus e cozidos. É extraído de um fruto (*Rhus coriaria*) cultivado no Oriente Médio e na Itália. ***Estimula as enzimas digestivas da saliva*** (ptialina) que ajudam a decompor fontes de proteínas densas como as presentes em oleaginosas, derivados de soja e leguminosas.

### Semente de mostarda

Em vez de usar mostarda pronta, que contêm vinagre, açúcar e aditivos, ***a semente de mostarda tem muito a oferecer.*** Ela confere um sabor fantástico a saladas e sopas, estimulando a produção de ácido no estômago e tornando a digestão mais eficiente. Além disso, é ótima fonte de selênio, que melhora o metabolismo e a imunidade.

## Planejamento das refeições

Reunimos mais de 100 receitas neste livro para estimular seu paladar e suas habilidades culinárias. Nenhuma é difícil de preparar – você se surpreenderá com a rapidez e a simplicidade dos procedimentos. Sugerimos que você comece com 2 ou 3 dias de receitas para café da manhã, almoço e jantar e com alguns lanches, para não se sentir sobrecarregado. Depois de comprar os ingredientes para esses dias, você se sentirá mais seguro para incorporar esse novo estilo de vida à sua rotina.

Foi exatamente assim que Natasha começou o Fridge Fill: ela fornecia cardápios no domingo à noite e cozinhava na segunda-feira para entregar refeições para os três dias seguintes.

**Comece num domingo**
Se você trabalha em período integral, sugerimos que faça as compras e cozinhe para os primeiros três dias em um domingo, para que na primeira metade da semana não precise mais pensar no que cozinhar.

Lembre-se de que comida fresca precisa ser exatamente... *fresca*. Não caia na tentação de fazer uma compra grande de frutas, verduras e legumes, a menos que tenha planos de congelar porções de sopas e ensopados. Isso é uma boa ideia ao iniciar a fase Estilo de vida, para conseguir se manter no programa. Porém, você logo perceberá como é gratificante, rápido e fácil preparar alguns pratos diariamente. Incentivamos que sucos, smoothies e saladas sejam preparados na hora de consumir, para maximizar os benefícios que proporcionam à saúde.

## Lembre-se de lanchar
Uma boa parte das receitas são minirrefeições e lanches, tanto doces quanto salgados. Muitas pessoas falham nessa área, mesmo interessadas em se alimentar de maneira saudável. As barrinhas produzidas industrialmente são em geral feitas com muito açúcar para impedir que fiquem rançosas; é muito melhor prepará-las em casa (ver p. 150, Barrinha de cereal, e p. 152, Barrinha puxa-puxa). Da mesma forma, dips e pastas prontos têm grande quantidade de sal e aditivos para que durem mais e não escureçam. ***Quando você constatar que dá para preparar um homus em cinco minutos (p. 167) e que já tem salsão, cenoura, ervilha-torta e pepino na geladeira, saberá que estão ao seu alcance petiscos alcalinos feitos na hora.*** Outro exemplo é a Torrada com avocado (p. 49): fica pronta em instantes e sustenta, pois o equilíbrio entre proteínas e carboidratos libera energia lentamente.

## Comida para viagem
Os alimentos disponíveis em cafés, padarias e rotisserias costumam ser gordurosos e ter muito açúcar e sal. Excessivamente ácidos, só deixarão você desidratado e querendo mais.

Assim, prepare-se para seus deslocamentos diários e viagens mais longas. Não dá para embarcar em um avião com líquidos, mas, dependendo do trajeto, leve um saquinho de brotos de leguminosas e outras sementes, doses de proteína que o manterão saciado durante horas! Se fizer um percurso longo de carro, leve uma fatia de Pão de coco (p. 160), uma Bolinha crua de coco e chocolate (p. 156), uma Barrinha de cereal (p. 150) ou vegetais crus com dip (pp. 166-7), além de um suco de verduras e legumes acondicionado em uma garrafa térmica, para mantê-lo fresco. ***Você chegará ao seu destino animado e com os olhos brilhando*** e não cansado, irritado e inchado!

## Energia o dia todo
Priorizar o horário de comer é fundamental, pois vivemos sobrecarregados de responsabilidades, fazemos várias atividades simultaneamente e gastamos muito tempo em traslados. É muito comum adiar as pausas para alimentação: "só vou terminar isto e depois como". ***Na fase "Estilo de vida", sugerimos planejar o dia em torno das refeições, e não o contrário.*** Na França e em outros países da Europa, na China e no Japão, as grandes empresas priorizam a alimentação de seus funcionários em intervalos regulares, pois sabem o quanto isso melhora a produtividade. No caso

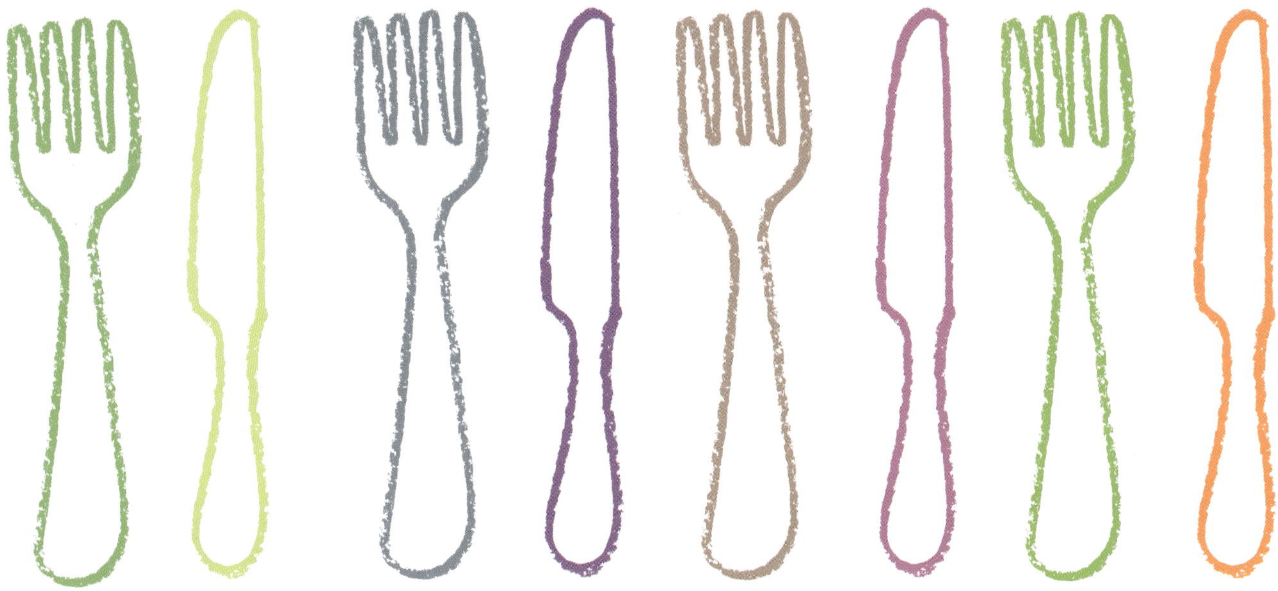

de muitos profissionais autônomos, essa disciplina inexiste. Assim, recomendamos marcar a pausa para o almoço usando o despertador do relógio ou do celular. ***Sair de sua mesa ou estação de trabalho por ao menos meia hora fará sua produtividade mais do que duplicar nas três horas subsequentes***, pois quem pula refeições rende muito menos. Além disso, se você entra na noite trabalhando, parar à tarde para fazer um lanche ou minirrefeição com alto teor de proteína (Dip de beterraba e nozes, p. 166, ou Wrap de faláfel, p. 70) garante o equilíbrio da taxa de açúcar no sangue e melhora a concentração, fazendo valer cada minuto das horas seguintes.

## Alimentação e exercícios

Alguns se exercitam logo cedo, outros na hora do almoço, e o restante, após o trabalho (excluindo, claro, quem não faz nada...). Além de tonificar o corpo, a atividade física aumenta a taxa de endorfinas, que, por sua vez, estimulam a produção de serotonina no cérebro – o neurotransmissor da "felicidade", que aumenta a motivação e produz sensações de calma e de satisfação no sistema digestório (que alguns chamam de "segundo cérebro"). ***Não é coincidência que muitos presidentes de empresas sejam adeptos dos exercícios.*** Eles conhecem o valor das endorfinas e da serotonina e da sensação gratificante de "estar no controle" que tais substâncias proporcionam.

### Atletas matutinos

Se você se exercita pela manhã, não coma nada sólido antes de seu treino. O ideal é uma boa vitamina rica em proteínas (ver pp. 46-8, Smoothies verdes), com leite de soja ou de amêndoa (p. 57), semente de linhaça, castanha-de-caju e nozes, que fornecem proteínas e ácidos graxos essenciais. Se ingerir algo mais sólido, é provável que sinta desconforto. Depois da corrida, espere meia hora para comer e consuma algo que tenha um bom equilíbrio entre proteínas, ácidos graxos essenciais e carboidratos, como a Granola de trigo-sarraceno e canela (p. 54).

### Atletas da hora do almoço

Se você aproveita a hora do almoço para se exercitar, faça um lanche no meio da manhã com carboidratos complexos, como pão de espelta ou centeio com uma pasta ou dip à escolha. Isso garantirá uma reserva adequada de glicose nos músculos para não terminar o treino exausto. No início da tarde, um almoço bem equilibrado estabilizará o nível de açúcar do sangue e garantirá que você trabalhe concentrado e com energia.

### Atletas do fim do dia

Se você faz atividade física à noite, precisa de um segundo minialmoço (ou mais uma porção do primeiro) para ter energia suficiente para treinar. Ao voltar para casa, deve comer algo que o satisfaça. ***Sopas proporcionam um ótimo equilíbrio entre carboidratos complexos – que dão energia – e proteínas; inclua cevadinha, quinoa e trigo-sarraceno, e uma variedade de legumes e verduras da estação para garantir uma boa gama de antioxidantes, que ajudam a eliminar os radicais livres produzidos durante o exercício.*** Prepare com antecedência e refrigere para consumir quando voltar. Você também pode levar uma porção para o trabalho, em uma garrafa térmica.

Quem faz ioga como exercício principal deve se lembrar de que é importante não ingerir uma refeição grande antes da prática, uma vez que muitas posturas agem diretamente no trato digestivo como um todo, e o consumo de alimentos sólidos pode causar desconforto. Opte por sucos de verduras e legumes, até meia hora antes de se exercitar.

E, para quem não faz nenhum exercício, nossa recomendação é... mexa-se! A falta de exercício é acidificante para o organismo, leva à falta de energia, à depressão e à falta de ar, que também é acidificante, pois diminui a remoção de toxinas naturais. Pesquisas confirmam mais e mais esse fato. Dança, lutas marciais, corrida, equitação, natação – seja qual for sua opção, pratique! O exercício é a arma mais eficaz contra o estresse, a principal causa de várias doenças. E lembre-se de nosso mote: "Coma tendo o corpo em mente".

## Controle do estresse por meio da alimentação

Pesquisas comprovam que o estresse faz aumentar a produção de cortisol, hormônio liberado pela suprarrenal em resposta ao mecanismo de "luta ou fuga" do organismo. O estresse agudo é controlável, e as suprarrenais ajudam a reequilibrar a reação a medo, surpresa, choque e ações imediatas para a sobrevivência. ***O estresse crônico, no entanto, exaure as suprarrenais e, posteriormente, a tireoide (glândula da base do pescoço, logo abaixo do pomo-de-adão), além de ser altamente acidificante para o organismo.*** É por isso que quem vive sob pressão, seja por causa do trabalho, por cuidar de um familiar ou por dificuldade financeira, fica doente com frequência. É o corpo avisando que precisa de mais cuidados e que deve priorizar a saúde. Nessas horas, a abordagem alcalina é de vital importância, uma vez que o organismo está produzindo muito ácido, muita inflamação e muitos precursores de doenças graves. Quantas vezes você já ouviu alguém dizer: "Preciso mudar meu estilo de vida, sinto que estou com algum problema sério"?

Não espere esse dia chegar: assuma o comando de sua saúde agora e comece a dieta alcalina. Você não se arrependerá e experimentará os benefícios de se sentir realmente bem pela primeira vez em muitos anos. Sua energia aumentará muito, seu peso se equilibrará no patamar ideal, e você se sentirá anos mais jovem em questão de meses.

Desejamos que desfrute do mesmo bem-estar que sentimos quando adotamos esse programa. Sabemos que não é fácil, porque vivemos assim. Mas também estamos certas de que só a experiência comprova – por isso, comece a cozinhar e decida por si mesmo. Tudo o que está neste livro é supernutritivo: *coma tendo o corpo em mente*.

# Cardápio para a fase Estilo de vida

## 1º DIA

**Manhã**
Granola incrementada (pp. 56-7)
Um smoothie verde (pp. 46-7)

**Almoço**
Fritada de batata-doce com endro (p. 110) com salada verde ou Salada de fava e cevadinha (p. 99)

**Lanche**
Dip de beterraba e nozes (p. 166) com Casquinha de linhaça crua (p. 167)

**Noite**
Curry amarelo tailandês com arroz jasmim (p. 142)

## 2º DIA

**Manhã**
Ovo mexido e cogumelo assado com queijo de cabra (p. 60)
Suco redutor de toxinas (p. 37)

**Almoço**
Bolinho de milho-verde e fava com Salada de feta, pepino e espinafre (pp. 122-3)

**Lanche**
Um punhado de amêndoas, após ficar de molho

**Noite**
Ensopado de legumes e soja (p. 82) com torrada de Pão de batata-doce (p. 162)

**Sobremesa**
Musse de chocolate cru (p. 170)

## 3º DIA

**Manhã**
Torrada com avocado (p. 49)
Smoothie de manga e coco (p. 48)

**Almoço**
Sopa de abóbora-cheirosa (p. 79)

**Lanche**
Pasta de berinjela (p. 166) com vegetais crus

**Noite**
Pera caramelizada com lentilha (p. 94)

## 4º DIA

**Manhã**
Potinho de nozes, sementes e frutas (p. 55)
Suco Divindade verde (p. 37)

**Almoço**
Hambúrguer de quinoa e cranberry (p. 116) com Salada de romã e muçarela (p. 98)

**Lanche**
Chips de couve (p. 159)

**Noite**
Risoto vermelho (p. 130)
Brownie de chocolate e batata-doce (p. 174)

## 5º DIA

**Manhã**
Panqueca de trigo-sarraceno com Compota de mirtilo (p. 52)

**Almoço**
Alcachofra com endro (p. 75) com uma porção de Salada de raízes e nozes (p. 98)

**Lanche**
Homus com espinafre (p. 167) com vegetais crus

**Noite**
Salada de macarrão e tofu defumado com molho de mirin (p. 121)
Bolinha crua de manga e coco (p. 156)

# café da manhã

# Smoothies verdes

Não é suco, mas uma mistura de água, folhas e frutas batidas. As lâminas do liquidificador quebram a estrutura da celulose presente nesses alimentos, liberando preciosos nutrientes. Troque e acrescente ingredientes a gosto, variando sabores, na proporção de 40% de verdura para 60% de fruta, mais água suficiente para o aparelho funcionar bem e atingir a cremosidade desejada. O preparo é rápido e fácil, e o smoothie é um bom complemento para qualquer dieta ou estilo de vida.

Para preparar as receitas a seguir, bata os ingredientes no liquidificador, até homogeneizar. **Todas rendem 2 porções.**

## Refrescante

1 pera madura picada
1 maço de couve
1 ramo de hortelã
250 ml de água
250 ml de suco de maçã

## Hidratante

1 pêssego maduro e macio
1 banana
30 g de folha pequena de espinafre
1 colher (chá) de calda de agave
250 ml de água de coco

## Espanta-resfriado

1 maço de acelga chinesa picado grosseiramente
1 banana
125 g de framboesa congelada
125 g de mirtilo congelado
350 ml de água

## Picante

1 punhado de espinafre
125 g de mirtilo congelado
1 pera madura picada
½ banana madura
1 colher (chá) de gengibre ralado
250 ml de água

**ACRESCENTE...**
probiótico em pó
óleos ricos em ômegas (linhaça é o nosso favorito)
semente de linhaça crua
espirulina
erva de trigo
maca peruana ou ginseng em pó
lúcuma (sabor doce)
semente de chia*
ou prepare seu próprio mix

* A edição original inglesa indicava aqui proteína de cânhamo em pó. Como a comercialização dessa semente é proibida no Brasil, foi indicada a substituição por semente de chia.

## Para despertar

1 maço de acelga chinesa picado grosseiramente
½ papaia
½ manga
125 ml de água
250 ml de água de coco
1 colher (sopa) de semente de linhaça triturada
1 colher (chá) de espirulina em pó
2 cápsulas de probiótico (abra e despeje o conteúdo no copo do liquidificador)
1 colher (sopa) de óleo de linhaça

## Para a pele

10 cm de um pepino ralado grosseiramente
1 punhado de espinafre
suco de 1 limão-siciliano
2 talos de aipo picados grosseiramente
1 kiwi
¼ de avocado
475 ml de água

**DICAS**

- Utilize água de coco em vez de água.
- Acrescente calda de agave se quiser adoçar mais o smoothie.

# Smoothies de fruta

Essas combinações são imbatíveis: contêm fibras que baixam o colesterol, carboidratos complexos que dão energia, e proteínas, para construir e reparar as células.

## Manga e coco

⅓ de uma manga cortada em fatias
1 banana
475 ml de água de coco
40 g de coco ralado
½ colher (chá) de extrato de baunilha

## Vermelho

125 g de frutas vermelhas mistas
150 g de amêndoa crua
1 banana madura
uma pitada de canela em pó
1-2 colheres (sopa) de calda de agave (ou algumas gotas de stevia), dependendo da madureza das frutas

## Banana e chocolate

475 ml de Leite de macadâmia (p. 53)
2 bananas bem maduras
2 colheres (sopa) de cacau em pó sem açúcar
1 colher (chá) de extrato de baunilha
2 colheres (sopa) de calda de agave ou a gosto

## Mirtilo e nozes

250 ml de Leite de linhaça* (p. 57)
250 ml de suco de maçã
2 bananas
250 g de mirtilo
30 g de amêndoa crua
30 g de nozes cruas
2 colheres (sopa) de semente de linhaça crua

## Frutas vermelhas e castanha

125 g de morango
125 g de framboesa
125 g de mirtilo
50 g de castanha-do-pará crua
750 ml de água
2 cubos de gelo
3 ameixas secas
1 colher (sopa) de semente de linhaça triturada
¼ de colher (chá) de canela em pó

Bata os ingredientes a alta velocidade, até homogeneizar. **Todas as receitas rendem 2 porções.**

* A edição original inglesa indicava aqui Leite de cânhamo. Como a comercialização dessa semente é proibida no Brasil, foi sugerida a substituição por Leite de linhaça.

# Torrada com avocado

**1 porção**

♥♥♥

- 1 avocado maduro cortado em fatias finas
- 1 colher (sopa) de azeite
- suco de ½ limão-siciliano
- 1 torrada (feita com o pão de qualquer uma das receitas das pp. 160-3)
- pimenta-do-reino moída na hora

Fácil, é muito nutritiva e substanciosa para começar o dia. Também pode ser consumida no lanche da tarde, para repor as energias.

Misture com cuidado o avocado, o azeite e o suco de limão. Disponha sobre a torrada – simples e saboroso.

Sirva imediatamente, salpicada com pimenta-do-reino.

Um prato pode ser delicioso sem prejudicar a saúde. Macadâmia e romã, por exemplo, ajudam a reduzir o colesterol, e a quinoa é o alimento com um dos maiores teores de proteína que se conhece.

# Panqueca de trigo-sarraceno

**6-8 unidades**

♥♥

70 g de farinha de trigo--sarraceno
70 g de farinha de arroz
1 colher (chá) de fermento químico em pó
½ colher (chá) de sal rosa do Himalaia
300 ml de Leite de arroz integral (p. 57)
1 colher (sopa) de suco de limão-siciliano
1 colher (sopa) de óleo de girassol, mais um pouco para fritar
1 colher (sopa) de calda de agave

Deu vontade de comer doce no fim de semana? Seu café da manhã não precisa sair da linha. Experimente essa panqueca com mel (foto na p. 50), compota de fruta ou até uma deliciosa calda de cacau cru!

Misture as farinhas, o fermento e o sal.

Em outra vasilha, combine o leite, o suco de limão, o óleo e a calda de agave. Junte aos ingredientes secos, mexendo com cuidado até incorporar.

Aqueça um pouco de óleo em uma frigideira. Despeje 1 colher (sopa) da massa dentro de um anel para fritar ovo. Quando aparecerem bolhas na superfície, retire o molde, vire a panqueca e deixe por mais 1 minuto, aproximadamente, até firmar.

Sirva com a Compota de mirtilo (ver receita abaixo) e iogurte de soja ou com frutas frescas e calda de agave.

## Compota de mirtilo

♥♥♥

200 g de mirtilo
2 colheres (chá) de água
1 colher (sopa) de mel
panquecas, granola ou iogurte, para servir

Cozinhe os ingredientes em fogo baixo por 10 minutos, mexendo de vez em quando, até o mirtilo ficar macio e a mistura tornar-se homogênea.

Sirva a compota quente ou gelada, com panquecas, granola ou iogurte.

# Mingau de quinoa com leite de macadâmia

**4 porções**

♥♥

sementes de 1 romã
200 g de quinoa em flocos
75 g de goji desidratado
1 canela em pau partida ao meio
475 ml de Leite de macadâmia (ver receita abaixo)
750 ml de água
100 g de framboesa amassada

A macadâmia é rica em ácidos graxos essenciais e zinco, que aumenta a imunidade. O goji contribui com o antioxidante betacaroteno. Esse "mingau" (foto na p. 51) tem teor proteico maior que o do de aveia.

Para tirar as sementes da romã, role-a sobre uma superfície, pressionando para que se soltem. Parta a fruta ao meio e retire-as com uma colher (veja outro método na p. 98). Reserve.

Cozinhe em fogo médio a quinoa, o goji, a canela, 250 ml do leite de macadâmia e 475 ml de água, mexendo sempre, por 2-3 minutos. Adicione a framboesa, o restante da água e mexa por mais 2 minutos, até esquentar bem.

Aqueça o restante do leite de macadâmia separadamente.

Sirva o mingau em quatro tigelas, coberto com o leite de macadâmia quente e salpicado com as sementes de romã.

## Leite de macadâmia

♥♥

200 g de macadâmia crua escorrida após 4 horas de molho
750 ml-1 litro de água

Bata os ingredientes no liquidificador, até obter uma mistura homogênea, e passe por um coador de pano ou peneira bem fina.

Conserve em geladeira por 2 dias, em um pote de vidro com tampa hermética.

# Granola de trigo--sarraceno e canela

O trigo-sarraceno é uma excelente fonte de rutina, que ajuda a fortalecer os vasos sanguíneos. O resultado é mais saúde para o sistema cardiovascular e menor risco de varizes.

2 porções

150 g de trigo-sarraceno cru descascado
75 g de amêndoa crua deixada de molho por uma noite
75 g de mix de sementes cruas de abóbora, girassol e linhaça
1 colher (chá) de canela em pó
75 g de uva-passa e figo seco picados
3 colheres (sopa) de calda de agave
1 colher (sopa) de coco ralado

**Para servir**
iogurte ou leite vegetal (pp. 53 e 57)
frutas frescas

Deixe o trigo-sarraceno de molho em água fria durante a noite. Enxágue (o líquido do molho estará gelatinoso), cubra novamente com água e deixe de molho por mais um dia. Enxágue e escorra. Como alternativa, ferva o trigo-sarraceno e cozinhe em fogo baixo por 15 minutos. Enxágue e escorra bem.

Misture os ingredientes e espalhe o preparado em uma camada bem fina sobre uma assadeira. Leve ao forno na temperatura mais baixa possível, com a porta aberta, por 10 horas, ou asse em forno preaquecido a 110°C por 1 hora.

Como alternativa, distribua sobre a bandeja do desidratador e coloque no aparelho a 40-43°C, por 10 horas.

Deixe esfriar completamente e sirva com iogurte ou leite vegetal e frutas frescas.

**DADO NUTRICIONAL**
A canela é um poderoso anti--inflamatório que auxilia no combate ao inchaço, aos gases e ao desconforto abdominal em geral.

2-4 porções

100 g de nozes cruas
100 g de amêndoa crua
50 g de semente de abóbora crua
50 g de semente de girassol crua
50 g de semente de linhaça crua
150 g de mirtilo
150 g de framboesa
1 receita de Creme de castanha-de-caju e baunilha (ver receita abaixo)

## Creme de castanha-de--caju e baunilha

100 g de castanha-de-caju crua escorrida após 1 hora de molho
60-125 ml de água
1 colher (chá) de extrato de baunilha

Bata as castanhas com 60 ml de água no liquidificador, acrescentando mais conforme a necessidade, até obter um creme liso. Adicione o extrato de baunilha e bata por mais alguns segundos.

# Potinho de nozes, sementes e frutas

**Mantenha um bom estoque de nozes, amêndoas e sementes para preparar esse delicioso café da manhã em minutos (lembre-se do tempo para demolhar).**

Coloque as nozes, a amêndoa e as sementes no processador e bata com pulsos rápidos para picá-las grosseiramente, sem deixar que percam a textura crocante.

Disponha alguns mirtilos e framboesas no fundo de um copo, cubra com uma camada da farofinha de ingredientes secos e acrescente uma colherada generosa do Creme de castanha-de-caju e baunilha. Repita as camadas e decore com as frutas.

# Granola incrementada

**4 porções**

♥♥

- 50 g de tâmara seca
- 100 g de aveia em flocos grossos
- 2 colheres (sopa) de mel
- 85 g de mix de castanha-de--caju e pecãs cruas
- 15 g de semente de abóbora crua
- 3 colheres (sopa) de azeite

Excelente opção, prepare e conserve em um pote de vidro hermético, para usar como cereal matinal ou como cobertura crocante para iogurte ou mingau.

Preaqueça o forno a 160°C.

Cozinhe a tâmara em 1 cm de água em fogo baixo, até ficar macia. Bata no liquidificador até homogeneizar e incorpore os demais ingredientes.

Espalhe a mistura em uma assadeira forrada com papel-manteiga e asse por 15 minutos, até dourar. Diminua a temperatura para 110°C e mantenha por mais 30 minutos, ou até secar e ficar crocante.

Deixe esfriar completamente e conserve em um pote hermético.

# Leites

Vale organizar o tempo para preparar estas receitas. São fáceis de fazer e excelentes alternativas para o leite de vaca.

## Leite de amêndoa

150 g de amêndoa crua escorrida
após 4 horas de molho
750 ml-1 litro de água

## Leite de arroz integral

125 g de arroz integral escorrido
após 4 horas de molho
475 ml de água

## Leite de linhaça*

1 xícara (chá) de semente de linhaça
escorrida após 12 horas de molho
4 xícaras (chá) de água

## Leite de castanha--do-pará

125 g de castanha-do-pará crua
escorrida após 4 horas de molho
750 ml-1 litro de água

Para fazer qualquer uma das receitas desta página, bata os ingredientes no liquidificador, até obter uma mistura homogênea, e passe por um coador de pano ou peneira fina. Conserve em geladeira por até 2 dias, em um pote de vidro com tampa hermética.

* A edição original inglesa indicava aqui Leite de cânhamo. Como a comercialização dessa semente é proibida no Brasil, foi indicada a substituição por Leite de linhaça.

# Café da manhã reforçado

**2 porções**

♥

6 aspargos aparados
1 ramo de tomate orgânico maduro cortado em dois
tomate-cereja a gosto
2 cogumelos portobello fatiados
1 dente de alho pequeno fatiado
1½ colher (chá) de azeite
30 g de queijo de cabra ralado
4 ovos
200 g de espinafre
suco de ½ limão-siciliano

pimenta-do-reino moída na hora
pão sem glúten ou sem trigo, para servir (opcional)

**DADO NUTRICIONAL**
**O ovo é fonte de colina, um nutriente fundamental para a saúde do cérebro.**

O café da manhã típico inglês é nutritivo, mas também gorduroso. Não neste livro! Perfeito para um brunch de domingo ou até para um jantar diferente, pode ter ovo poché, mexido ou cozido. Use os vegetais que tiver na geladeira.

Preaqueça o forno a 180°C.

Acomode em uma assadeira o aspargo, o tomate orgânico, o tomate-cereja e o cogumelo temperados com as fatias de alho. Regue com 1 colher (chá) de azeite e asse por 20 minutos (cuidado se usar tomate-cereja: asse por menos tempo, só até a pele abrir).

Retire do forno e polvilhe o queijo de cabra sobre o cogumelo. Deixe derreter.

Enquanto isso, ferva água em uma frigideira (encha até 2,5 cm da borda) e abaixe o fogo. Quando a assadeira estiver no forno há 15 minutos, quebre os ovos e despeje com cuidado na água fervente. Deixe cozinhar por 3 minutos (verifique se a água cobre os ovos completamente; se não, regue-os usando uma colher).

Coloque o espinafre em uma tigela refratária, cubra com água fervente e deixe por 2 minutos. Escorra e acrescente o restante do azeite e o suco de limão. Divida em dois pratos.

Retire os ovos da água e acomode-os sobre o espinafre. Junte o cogumelo, o tomate e o aspargo. Polvilhe com pimenta-do-reino.

Sirva imediatamente com uma fatia de pão.

# Ovo mexido e cogumelo assado com queijo de cabra

1 porção

♥♥

1 cogumelo portobello grande
1 colher (sopa) de azeite
uma pitada de sal rosa do Himalaia
20 g de queijo de cabra firme cortado em fatias
2 ovos
1 gema
2 colheres (sopa) de endro bem picado, mais um pouco para decorar

Ovos mexidos ficam prontos em poucos minutos. Para deixá-los supercremosos, mantenha o fogo bem baixo e mexa o tempo todo. Combine as ervas a gosto.

Preaqueça o forno a 170°C.

Disponha o cogumelo numa assadeira forrada com papel-manteiga, regue-o com azeite, tempere com sal e asse por 15 minutos. Cubra com as fatias de queijo de cabra e leve novamente ao forno por 3 minutos, para derreter.

Bata os ovos e a gema adicional e junte o endro. Prepare em fogo baixo, mexendo sempre, até atingir a consistência que desejar.

Sirva imediatamente com o cogumelo assado com queijo e um pouco mais de endro picado.

**DADO NUTRICIONAL**

**Todos os tipos de cogumelo são uma ótima fonte de vitamina D, que falta principalmente para as pessoas que não se expõem ao sol. Por isso, aumente o consumo.**

# entradas e sopas

# Fundo de alcachofra com feta

**2 porções**

♥♥

200 g de fundo de alcachofra em conserva picado
2 colheres (chá) de azeite
suco de 1 limão-siciliano
60 g de feta cortado em cubos
2 colheres (sopa) de semente de abóbora crua

**Para servir**
uma pitada de sumagre
2 colheres (sopa) de endro picado

Esse prato (foto nas pp. 62-3) fica pronto em um instante. A receita usa fundo de alcachofra em conserva, mas dá para substituir por inhame ou cará assado para variar o sabor.

Misture a alcachofra com o azeite e o suco de limão. Acrescente o queijo e a semente de abóbora.

Sirva decorado com o sumagre e o endro.

## Molho de castanha-de-caju [para o Rolinho de vegetais crus]

♥♥

75 g de castanha-de-caju crua deixada de molho e escorrida
50 g de pepino descascado e picado
½ pimentão vermelho pequeno picado e sem sementes
1 dente de alho pequeno
2 pimentas-malagueta sem sementes
molho tamari a gosto
suco de limão-taiti a gosto
calda de agave a gosto

Bata todos os ingredientes no liquidificador. Adicione água aos poucos e continue batendo até obter um molho homogêneo e cremoso.

Sirva com os rolinhos.

**DADO NUTRICIONAL**
**A castanha-de-caju é uma excelente fonte de niacina, vitamina do complexo B que melhora a disposição e o humor – 10-15 unidades podem atuar como um antidepressivo natural.**

# Rolinho de vegetais crus

**2 porções**

♥♥♥

- 4 folhas de papel de arroz redondas
- 1 folha de alga nori cortada em quatro quadrados
- 1 cenoura à juliana
- 1 abobrinha à juliana
- 1 cebolinha cortada em tiras finas
- 1 pepino pequeno à juliana
- um pedaço de acelga picado
- 1 maço de broto de feijão
- um punhado de coentro picado
- 100 g de tofu defumado cortado em cubos

A montagem pode ser um pouco trabalhosa no início, mas você aprenderá logo, e a prática levará à perfeição. O truque é não encharcar o papel de arroz.

Embeba o papel de arroz em água fria por cerca de 1 minuto, apenas para amolecer. Retire da água e seque sem esfregar. Coloque as folhas sobre uma superfície plana e um quadrado de nori sobre cada uma.

Disponha os legumes, as verduras, o coentro e o tofu no centro do papel de arroz com a nori. Passe a ponta inferior sobre o recheio e dobre para dentro as pontas laterais. Enrole sem apertar, porém com firmeza. É necessário treinar um pouco, mas com cuidado você chega lá.

Sirva acompanhado pelo Molho de castanha-de-caju (p. 64) e agrião ou salada verde.

# Abobrinha italiana recheada

**2 porções**

♥

2 abobrinhas redondas ou italianas (nesse caso, cortadas em rodelas grossas)
1 colher (chá) de azeite
3 dentes de alho
1 cebola pequena bem picada
50 g de cenoura ralada finamente
1 colher (chá) de tomilho fresco
1 colher (chá) de orégano fresco
2 fundos de alcachofra em conserva picados
½ colher (chá) de raspas de limão-siciliano
½ colher (chá) de sal rosa do Himalaia
20 g de castanha-de-caju crua picada
25 g de feta picado

**Para servir**
rúcula
tomate-cereja
broto de rabanete
azeite, para regar

Ótima opção para um jantar, como entrada ou até como prato principal, servida com arroz integral e salada crocante. Veganos não devem incluir o feta – a proteína da castanha-de-caju já é suficiente.

Preaqueça o forno a 150°C. Asse as abobrinhas e o alho em uma assadeira untada com meia colher (chá) de azeite por 50 minutos, até que fiquem macios. Retire do forno (mas não desligue). Corte uma "tampinha" em cada abobrinha, remova a polpa com cuidado sem desmanchar o formato e reserve as cascas e as partes de cima cortadas.

Aqueça o restante do azeite e refogue a cebola por 5 minutos. Acrescente a cenoura, o tomilho e o orégano e mexa por mais 5 minutos, ou até a cenoura ficar macia. Junte a polpa da abobrinha e a alcachofra e mantenha por mais 2 minutos.

Adicione as raspas de limão, o sal e a castanha-de-caju. Recheie as abobrinhas com esse refogado, apertando bem. Cubra com o queijo e recoloque no forno por 15-20 minutos, ou até dourar.

Sirva com a Geleia de figo (ver receita abaixo) e uma salada simples de rúcula, tomate-cereja e broto de rabanete. Regue com azeite.

## Geleia de figo

♥♥

100 g de figo descascado e picado
2 colheres (chá) de vinagre balsâmico
1 colher (chá) de calda de agave
1 colher (sopa) de água

Enquanto a abobrinha está no forno, misture todos os ingredientes e cozinhe em fogo brando, até que os figos fiquem macios e caramelizados.

# Trouxinha de acelga chinesa

**6 unidades**

85 g de berinjela à juliana
2 dentes de alho amassados
2 colheres (chá) de óleo de gergelim torrado
1 colher (sopa) de água
70 g de cenoura ralada
45 g de maçã verde à juliana
15 g de gergelim branco e preto torrado
½ colher (chá) de molho tamari
1 colher (chá) de missô claro
20 g de cogumelo desidratado cortado em fatias e deixado de molho na água quente até ficar macio
6 folhas externas de acelga chinesa
brotos, para decorar

Essa linda trouxinha é divina. Dá um pouco de trabalho para montar, mas vale a pena quando os sabores "explodem" na boca à primeira mordida.

Prepare primeiro o Molho de feijão-preto (ver abaixo). Para fazer o recheio das trouxinhas, refogue a berinjela e o alho no óleo de gergelim, por 2 minutos. Acrescente a água, depois a cenoura e a maçã e salteie (a água vai gerar vapor para cozinhar o alimento) por mais 5 minutos, até ficarem macios. Adicione o gergelim e o molho tamari. Reserve.

Recoloque a panela no fogo com o missô e um pouco de água. Mexa até aquecer e acrescente o recheio reservado e os cogumelos hidratados. Misture por mais alguns segundos.

Prepare as trouxinhas. Cozinhe as folhas de acelga chinesa no vapor durante 3-5 minutos, até ficarem tenras. Retire os talos, deixando uma pequena parte para a folha não se desfazer. Posicione cada uma sobre uma tábua, com o cabo virado para você. Coloque uma colher do recheio no centro da folha. Do lado do cabo, enrole essa ponta por cima do recheio, dobre as laterais para dentro e termine de enrolar delicadamente, até o fim.

Sirva imediatamente com o Molho de feijão-preto (ver receita abaixo). Você também pode guardar na geladeira e, na hora de servir, cozinhar no vapor durante 2 minutos. Decore com brotos.

## Molho de feijão-preto

1 colher (chá) de óleo de gergelim
100 g de feijão-preto fermentado chinês
1 dente de alho espremido
2 colheres (chá) de gengibre ralado
½ colher (chá) de orégano
½ colher (chá) de cominho moído
¼ de colher (chá) de raspas de laranja
100 ml de água
1 colher (sopa) de vinagre de arroz
½ colher (sopa) de molho tamari
1 colher (chá) de calda de agave

Aqueça o óleo de gergelim em fogo médio-alto. Refogue o feijão e o alho por 1 minuto. Adicione os demais ingredientes e mexa até engrossar.

# Wrap de faláfel

**2 porções**

50 g de semente de linhaça crua triturada
50 g de gergelim cru
2 cenouras cortadas em fatias finas
2 cogumelos portobello cortados em cubos
½ cebola pequena bem picada
1 dente de alho bem picado
3 colheres (sopa) de azeite
uma pitada de sal rosa do Himalaia
150 g de pistache
125 g de amêndoa crua
150 g de semente de girassol crua escorrida após 30 minutos de molho
1 colher (sopa) de salsa bem picada
¾ de colher (chá) de cominho moído
1 colher (chá) de suco de limão-siciliano
pimenta-do-reino moída na hora

**Para servir (veja receitas na p. 71)**
Cestinha de alface-americana
Iogurte com hortelã
Vinagrete de tomate

Nada melhor do que assar sementes devagar, em temperatura bem baixa: preserva os ácidos graxos essenciais e garante a textura crocante e o sabor.

Preaqueça o forno a 110°C.

Misture a linhaça e o gergelim. Reserve.

Em outra vasilha, coloque a cenoura, o cogumelo, a cebola, o alho, 2 colheres (sopa) do azeite e o sal. Passe no processador o pistache, a amêndoa e a semente de girassol, até obter uma farofa. Junte à mistura de legumes e acrescente a salsa, o cominho e o suco de limão. Mexa e tempere com pimenta-do-reino a gosto.

Molde bolas de 3-4 cm de diâmetro e passe-as na mistura de linhaça e gergelim. Asse por cerca de 40 minutos, ou até ficarem crocantes por fora e úmidas por dentro.

Sirva o faláfel com a Cestinha de alface, o Vinagrete de tomate e o Iogurte com hortelã em tigelas. Para montar, coloque três bolinhos em uma folha de alface e adicione uma colher do Vinagrete de tomate e uma do Iogurte com hortelã.

**Cestinha de alface-americana**

1 alface-americana

Corte a raiz da alface e retire as folhas externas delicadamente. Deixe-as em água fria até a hora de servir, para que se mantenham frescas e crocantes. Seque e sirva.

# Iogurte com hortelã

250 g de iogurte de soja
25 g de hortelã picada

Pique as folhas de hortelã, misture ao iogurte e sirva imediatamente (procure picar a hortelã próximo da hora de servir, para que não escureça).

# Vinagrete de tomate

400 g de tomate cortado em cubos
75 g de cebola cortada em cubos
1 pepino pequeno sem sementes e cortado em cubos
1 pimenta-malagueta sem sementes e picada
½ dente de alho amassado
2 colheres (sopa) de azeite
suco de 1 limão-taiti

Junte todos os ingredientes em uma vasilha e misture bem.

# Batatinha recheada

**10 unidades/2 porções**

♥

5 batatas-bolinha com casca
2 colheres (sopa) de azeite, mais um pouco para pincelar
uma pitada de sal rosa do Himalaia
uma pitada de cominho moído
125 g de fundo de alcachofra em conserva
100 g de feijão-branco cozido
suco de 1 limão-siciliano
1 colher (chá) de sumagre, mais um pouco para decorar

Preaqueça o forno a 170°C.

Em um refratário, pincele as batatas com azeite e sal e asse por 45 minutos, ou até ficar macia. Deixe esfriar por 15 minutos. Mantenha o forno ligado.

Corte-as ao meio e retire a polpa (use para fazer purê ou sopa). Polvilhe as cascas com cominho e asse por mais 15 minutos, até ficarem crocantes e douradas. Reserve.

Para fazer o patê de feijão, bata os demais ingredientes no liquidificador.

Sirva as casquinhas de batata com o recheio, polvilhadas com sumagre.

# Canapé de miniabóbora amarela

**8 unidades/2 porções**

♥♥

6 funghi porcini desidratados
8 miniabóboras amarelas
1 colher (sopa) de azeite
1 dente de alho cortado em cubos
100 g de couve-crespa sem os talos mais grossos e picada grosseiramente
3 colheres (sopa) de salsa bem picada
1 tomate-caqui grande sem sementes e cortado em cubos
1 colher (sopa) de queijo de cabra macio

Hidrate o funghi em água quente por 30 minutos e seque sobre um papel-toalha por 2 minutos. Corte em cubos.

Preaqueça o forno a 170°C. Asse as miniabóboras numa assadeira forrada com papel-manteiga por 20 minutos, ou até a casca ficar macia e levemente enrugada. Deixe esfriar.

Refogue o alho no azeite por 1 minuto. Acrescente o cogumelo, a couve e a salsa e mexa por mais 1 minuto. Junte o tomate e mantenha por mais 2 minutos. Reserve.

Corte a parte de cima das abóboras, como se fosse uma tampa, e retire a polpa com uma colher de chá, até obter cestinhas com 5 mm de espessura.

Adicione o queijo de cabra ao refogado de cogumelo e aqueça até derreter. Recheie as miniabóboras com a mistura e sirva quentes.

Esse é um canapé supersaudável para comer sem culpa, pois é repleto de antioxidantes – a couve é rica em ferro e cálcio, e a abóbora contém muito betacaroteno, que protege a pele dos danos causados pela exposição ao sol.

# Enroladinho de berinjela e pesto

**6 unidades/2 porções**

♥♥

125 g de berinjela cortada no sentido do comprimento em seis fatias de 5 mm de espessura
3 colheres (sopa) de azeite
30 g de pinhole
5 g de salsa lisa
1 dente de alho pequeno
20 g de feta esfarelado
25 g de rúcula

Deliciosa e versátil, essa entrada é adequada para uma festa ou para acompanhar uma salada em uma refeição para dois.

Preaqueça o forno a 170°C.

Distribua as fatias de berinjela em uma assadeira forrada com papel--manteiga. Regue com 1 colher (sopa) do azeite e asse por 15 minutos, ou até ficarem macias. Deixe esfriar.

Bata no liquidificador o pinhole, a salsa, o alho e o restante do azeite até formar uma pasta grossa.

Espalhe o pesto sobre as fatias de berinjela. Cubra com o feta, enrole e prenda com um palito.

Sirva sobre uma camada de rúcula.

# Alcachofra com endro

Saborear alcachofra traz uma satisfação inigualável. Esse prato pode ser, sozinho, uma refeição. Ou sirva como entrada em um jantar com amigos.

**1 porção**

1 colher (sopa) de azeite
1 dente de alho
3 colheres (sopa) de endro bem picado
225 ml de água
1 alcachofra com 3 cm do cabo

**Para o molho**

2 colheres (sopa) de molho tamari
1 colher (sopa) de vinagre balsâmico
2 colheres (sopa) de azeite
1 colher (sopa) de calda de agave

Aqueça o azeite em uma panela bem funda e refogue o alho em fogo brando, por 1 minuto. Adicione 2 colheres (sopa) do endro picado.

Acrescente a água e acomode a alcachofra com o cabo para cima. Tampe a panela e mantenha em fogo baixo, por 45-55 minutos. Coloque mais água se necessário. A alcachofra estará pronta quando as pétalas saírem facilmente e o fundo estiver macio.

Bata todos os ingredientes do molho.

Sirva a alcachofra polvilhada com o restante do endro picado e o molho à parte.

Faça como os chineses: comece a refeição "aquecendo o fogo interno do corpo". Se sua intenção é comer basicamente alimentos crus no inverno, tome uma tigela de sopa ou um copo de água quente antes, para tornar a digestão mais eficiente.

# Sopa de verdura e quinoa

**2 porções**

♥♥♥

60 g de quinoa
1½ colher (chá) de mix de ervas (p. 80)
225 ml de água fervente
6 talos de brócolis macios picados
100 g de alho-poró picado
suco de 2 limões-taiti
2 colheres (chá) de molho tamari
80 g de tofu cortado em cubos
4 colheres (sopa) de coentro bem picado, para decorar (opcional)

Esse caldo delicado (foto na p. 76) enriquecerá seu acervo de receitas. Além de aquecer, é versátil: é possível usar os vegetais que tiver na geladeira – em casa, é o prato das noites de domingo!

Meça o volume da quinoa e coloque o dobro de água para ferver. Adicione a quinoa e o mix de ervas, ferva e cozinhe em fogo brando por 5 minutos.

Acrescente os talos de brócolis, o alho-poró, o suco de limão e o molho tamari à água fervente e cozinhe por 5 minutos.

Junte o tofu e mantenha em fogo brando por mais 2 minutos, até ele esquentar.

Sirva decorado com coentro picado.

**DADO NUTRICIONAL**

**Demolhar nozes, castanhas e sementes durante pelo menos 2 horas antes de consumi-las reativa as enzimas, transformando-as em alimentos "vivos", mais fáceis de digerir, além de tornar a receita supernutritiva.**

# Sopa de abóbora-cheirosa

**4 porções**

1 cebola picada
1 dente de alho grande picado
3 colheres (sopa) de azeite
600 ml de água
750 g de abóbora-cheirosa descascada, sem sementes e picada
1 cenoura grande picada
1 colher (chá) de mix de ervas (p. 80)
1 pimenta-malagueta sem sementes e picada
½ colher (chá) de gengibre ralado fino
1 colher (chá) de suco de limão-siciliano

**Para o azeite de coentro e salsa**

folhas de ½ maço pequeno de coentro bem picadas
folhas de ½ maço pequeno de salsa lisa bem picadas
6 colheres (sopa) de azeite
uma pitada de cominho moído

Prepare essa sopa (foto na p. 77) em grande quantidade, divida em porções e congele. Você terá à mão uma refeição saborosa e nutritiva.

Refogue a cebola e o alho no azeite, em fogo brando, por 5 minutos, até ficarem macios. Acrescente 5 colheres (chá) da água e cozinhe até a cebola absorver a água.

Junte a abóbora e a cenoura e cozinhe em fogo brando, até começar a soltar água. Acrescente o restante da água e o mix de ervas. Ferva e deixe por mais 15 minutos.

Adicione a pimenta-malagueta, o gengibre e o suco de limão. Mantenha por mais 15 minutos.

Para o azeite aromatizado com ervas, misture o coentro, a salsa, o azeite e o cominho. Você também pode passar no processador as folhas inteiras com o azeite e o cominho até ficarem bem picadas.

Transfira a sopa para o liquidificador (ou use o mixer diretamente na panela) e bata até ficar homogênea. Sirva quente, com um fio do azeite de coentro e salsa.

**DICA**

**Cozinhe os legumes em fogo baixo com pouca água para realçar a sutileza do sabor de cada ingrediente. O azeite de ervas é o complemento perfeito.**

# Sopa de erva-doce e pera

**2 porções**

♥♥♥

1 bulbo de erva-doce grande aparado
1 cebola cortada em rodelas
1 dente de alho picado
1 colher (sopa) de azeite, mais um fio
600 ml de caldo de legumes preparado com ½ colher (chá) de mix de ervas (ver receita abaixo)
1 pera sem sementes e picada

**DADO NUTRICIONAL**

**A erva-doce age no fígado como purificador. Assim como a pera, contém potássio, mineral que ajuda a regular a retenção de líquido no organismo, o que garante a chegada dos nutrientes em todo o corpo e impede a desidratação das células.**

Essa receita é uma das nossas preferidas. Tanto a pera como a erva-doce têm muita pectina, que ajuda a desintoxicar o organismo; por isso, é uma opção excelente para as fases de Desintoxicação e Estilo de Vida. O sabor e a cremosidade são tão espetaculares que mal dá para acreditar que é supersaudável!

Parta ao meio o bulbo de erva-doce. Corte quatro lascas finas e reserve em recipiente fechado, para decorar. Pique o restante.

Refogue a cebola e o alho no azeite, adicionando 3 colheres (sopa) do caldo quando começar a secar.

Junte a erva-doce picada e mais 3 colheres (sopa) do caldo quando começar a secar novamente. Acrescente a pera e o restante do caldo. Ferva e cozinhe em fogo brando por 40 minutos, até a erva-doce ficar macia.

Transfira os sólidos para o liquidificador (ou use o mixer diretamente na panela) com um pouco do líquido e bata aos poucos, adicionando o restante do líquido, até obter a consistência desejada.

Sirva decorada com as lascas de erva-doce e um fio de azeite.

**MIX DE ERVAS**

**Use como substituto do sal ou como base para caldo de legumes. Misture 2 colheres (chá) de alho em pó, 1 colher (chá) de manjericão, 1 colher (chá) de orégano e 1 colher (chá) de raspas de limão-taiti. Bata todos os ingredientes no liquidificador. Você pode usar outras ervas e variar o sabor.**

# Ensopado de legumes e soja

**4 porções**

♥♥

2 colheres (chá) de missô
900 ml de água
2 ramos de tomilho-limão
½ cebola cortada em cubos pequenos
100 g de cenoura cortada em cubos grandes
100 g de batata cortada em cubos grandes
100 g de abóbora cortada em cubos grandes
100 g de abobrinha cortada em cubos grandes
100 g de pimentão vermelho e amarelo sem sementes e cortados em pedaços grandes
100 g de tofu firme cortado em cubos grandes

Simples, fácil e reconfortante, assim podemos descrever esse caldo rico em bons nutrientes. Demora menos de meia hora para preparar e é perfeito após um dia cansativo.

Dissolva o missô na água e leve ao fogo. Quando ferver, junte o tomilho-limão e cozinhe por 3-4 minutos para incorporar o sabor. Retire a erva da panela.

Acrescente a cebola, a cenoura e a batata e cozinhe por 10 minutos. Junte a abóbora, a abobrinha e os pimentões e deixe por mais 5-10 minutos, até os legumes ficarem macios.

Coloque o tofu e mantenha por mais 2 minutos.

Sirva imediatamente em tigelas aquecidas e decore com coentro e cebolinha, se desejar.

**DADO NUTRICIONAL**

**O tofu é excelente fonte de proteína vegetal. Mas o ideal é limitar o consumo de produtos à base de soja para três vezes por semana, porque os fitoestrógenos são potentes.**

Feche os olhos e tome essa sopa: o sabor do coco e o perfume da erva-cidreira vão transportá-lo para a Tailândia. Mesmo que esteja frio lá fora!

# Sopa de tomate, coco e pimenta

**2 porções**

1 colher (sopa) de óleo de coco
75 g de cebola picada
20 g de gengibre picado
1 dente de alho picado
½ pimenta-malagueta picada
1 talo de erva-cidreira picado
1 colher (chá) de semente de coentro
300 g de tomate picado
400 ml de leite de coco
1 colher (chá) de molho tamari
1 colher (chá) de suco de limão-taiti

**Para servir**

leite de coco
azeite aromatizado com pimenta
coentro fresco bem picado (opcional)

Aqueça o óleo de coco e refogue a cebola, o gengibre e o alho, em fogo baixo, por 5 minutos, até ficarem macios. Junte a pimenta, a erva-cidreira e a semente de coentro e mexa por mais 5 minutos. Acrescente o tomate e mantenha por mais 5 minutos.

Adicione o leite de coco, deixe ferver e cozinhe em fogo brando por 30 minutos. Tempere com molho tamari e um pouco de suco de limão.

Transfira a sopa para o liquidificador (ou use o mixer diretamente na panela) e bata até ficar homogênea. Se preferir, passe por uma peneira fina.

Sirva quente, decorada com uma espiral de leite de coco e um fio de azeite de pimenta. Polvilhe com coentro picado, se desejar.

# Gaspacho branco

A amêndoa é a mais alcalina das oleaginosas, além de ser rica em magnésio, que ajuda a relaxar e dormir bem. Regue cada porção com um fio de azeite para adicionar mais ácidos graxos essenciais.

**4 porções**

♥♥

150 g de amêndoa crua
400 g de feijão-branco cozido e escorrido
400 g de feijão-manteiga cozido e escorrido
475 ml de água
suco e raspas de 1 limão-siciliano
um punhado de hortelã (reserve algumas folhas para servir)
2 pepinos pequenos descascados e picados
225 ml de suco de maçã
1 colher (chá) de azeite, mais um pouco para servir
1 pimenta-malagueta sem sementes
um punhado de gelo

Bata a amêndoa, os feijões e a água no liquidificador, até ficar homogêneo. Adicione os demais ingredientes, exceto o gelo.

Na hora de servir, bata o gelo com o gaspacho e sirva imediatamente, com um fio de azeite e raspas de limão-siciliano, pimenta e hortelã.

**DICA**

**Essa é uma variação da clássica sopa espanhola que há anos é usada para melhorar a imunidade e a digestão.**

# saladas

# Salada de agrião, cebola assada e pistache

**1 porção**

½ cebola roxa cortada em pedaços
1 colher (sopa) de azeite
30 g de grão-de-bico em lata enxaguado e escorrido
1 dente de alho pequeno ralado fino
½ pimenta-malagueta picada na diagonal
15 g de pepino sem sementes e cortado em fatias finas
15 g de semente de abóbora crua
15 g de pistache cru
70 g de agrião
1 cebolinha picada na diagonal

**Para o molho**

2 colheres (sopa) de azeite
suco de 1 limão-siciliano
1 colher (sopa) de molho tamari
1 colher (chá) de calda de agave

Essa é uma entrada fantástica. O ideal é preparar uma travessa grande e colocar no centro da mesa para que todos se sirvam. Mas também é uma ótima opção para um jantar leve (foto nas pp. 86-7).

Preaqueça o forno a 170°C.

Coloque a cebola numa assadeira forrada com papel-manteiga, regue-a com o azeite e asse por 30 minutos, ou até ficar macia.

Em uma tigela, misture a cebola assada com o grão-de-bico e o alho. Adicione a pimenta, o pepino, a semente de abóbora e o pistache.

Bata os ingredientes do molho com um garfo.

Para servir, espalhe o agrião sobre uma travessa, cubra com a mistura de grão-de-bico e salpique com a cebolinha. Regue com o molho.

**DICA**

**Caramelize a cebola em vinagre balsâmico e calda de agave, para obter um sabor mais doce e suave (siga o método para caramelizar pera, p. 94).**

# Salada de avocado, manga e endro

**1 porção**

30 g de folha pequena de espinafre
1 colher (sopa) de azeite
uma pitada de sumagre
suco de 1 limão-taiti
¼ de avocado maduro cortado em cubos
100 g de manga cortada em cubos
5 g de endro picado em pedaços de 1 cm
1 dente de alho pequeno amassado
1 pedaço de 2,5 cm de pimenta-malagueta picado finamente na diagonal, para decorar
brotos, para decorar

O verão pede pratos tão leves quanto as roupas. Essa mistura tropical não deixa sensação de inchaço e é uma delícia!

Misture as folhas de espinafre com o azeite, o sumagre e o suco de limão. Disponha tudo em uma saladeira.

Em outra vasilha, misture o avocado e a manga, a maior parte do endro e o alho. Despeje sobre o espinafre e decore com a pimenta-malagueta, os brotos e o restante do endro. Sirva imediatamente.

Rapidez e sabor foram os objetivos dessas duas receitas, criadas em um final de dia corrido, com muita fome! Já servimos ambas em jantares, e os convidados adoraram!

# Salada de erva-doce e halloumi

**2 porções**

♥♥

150 g de erva-doce cortada em fatias finas
suco de ½ limão-siciliano
2 colheres (sopa) de azeite
100 g de queijo de halloumi de ovelha cortado em cubos
1 dente de alho pequeno amassado
50 g de cranberry seco escorrido após 20 minutos de molho em água morna
15 g de endro picado

É fácil assar queijo halloumi. A dica é não tirar os olhos dele, para que doure, sem torrar (foto na p. 90).

Misture a erva-doce com o suco de limão, para não oxidar.

Aqueça o azeite em fogo alto e reduza para médio. Junte o halloumi e doure-o por cerca de 2 minutos de cada lado.

Combine a erva-doce, o alho, o cranberry e o endro e disponha sobre os cubos de halloumi ainda quentes.

# Salada de quinoa colorida

**1 porção**

♥♥♥

40 g de quinoa
1 colher (chá) de mix de ervas (p. 80)
15 g de cranberry seco
20 g de cebola roxa em cubos
1 dente de alho bem picado
2 colheres (sopa) de azeite
uma pitada de estragão seco
½ pimentão amarelo em cubos
¼ de pimenta-malagueta picadinha
raspas e suco de ½ limão-siciliano
20 g de castanha-de-caju crua
20 g de salsa lisa bem picada
25 g de feta esfarelado

Cozinhe quinoa uma vez por semana e aqueça as porções conforme necessário. Adicione semente de romã para dar mais cor e frescor. (foto na p. 91)

Meça o volume da quinoa e coloque o dobro desse volume de água para ferver. Adicione a quinoa e o mix de ervas. Espere ferver novamente e mantenha em fogo brando por 20 minutos, ou até que os grãos se abram. Escorra e reserve. Coloque o cranberry de molho por 10 minutos.

Refogue a cebola e o alho no azeite em fogo brando por 5 minutos, até ficarem macios. Junte o estragão e 2 colheres (sopa) de água e deixe por mais 2-3 minutos, até a cebola murchar levemente.

Adicione o pimentão, a pimenta, o suco de limão, a castanha, o cranberry hidratado e mais 2 colheres (sopa) de água. Acrescente a quinoa, misture e mantenha por 2-3 minutos, até aquecer. Retire do fogo e junte as raspas de limão e a salsa. Junte o feta e sirva a salada quente ou fria.

# Coleslaw com castanha-de-caju

**2 porções como acompanhamento**

2 talos de salsão cortados em tiras longas
1 cenoura cortada em fatias finas na diagonal
50 g de mix de brotos (como de feijão, alfafa e girassol)

**Para o molho**

150 g de castanha-de-caju crua
1 colher (chá) de mostarda extraforte
suco de 1 limão-siciliano
cerca de 125 ml de água

No lugar da maionese comum, que entope as artérias, experimente envolver os ingredientes fresquíssimos dessa salada com um creme suave e rico em proteína e sabor.

Misture o salsão com a cenoura e os brotos.

Bata no liquidificador a castanha-de-caju, a mostarda e o suco de limão com a maior parte da água, até obter uma pasta cremosa e homogênea. Acrescente mais água aos poucos, se necessário.

Misture o molho com os demais ingredientes.

# Pera caramelizada com lentilha

**2 porções**

♥♥

1 pera madura sem sementes cortada em quatro
4 colheres (sopa) de azeite
1 colher (sopa) de calda de agave
1 colher (sopa) de vinagre balsâmico
30 g de lentilha
20 g de nozes escorridas e picadas após 30 minutos de molho
2 cebolinhas picadas finas na diagonal
1 pimenta-malagueta picada fina na diagonal
suco de ½ limão-siciliano
60 g de rúcula
1 ramo de tomate-cereja

Esse prato, além de bonito, é inacreditavelmente gostoso. O ideal é deixar a lentilha *al dente* e com um leve sabor de castanhas. Mas se você prefere uma textura macia, cozinhe um pouco mais.

Coloque a pera em uma panela com 2 colheres (sopa) do azeite, a calda de agave e o vinagre balsâmico. Cozinhe em fogo brando com a panela semitampada por 30 minutos, ou até a pera ficar completamente caramelizada. Verifique sempre se há líquido suficiente na panela e, se necessário, acrescente água, uma colher de cada vez.

Enquanto isso, cozinhe a lentilha em fogo baixo com bastante água, por 20-25 minutos depois de ferver. Escorra e reserve.

Preaqueça o forno a 160°C. Coloque os tomates numa assadeira forrada com papel-manteiga e asse-os ainda nos ramos por 15 minutos, ou até a pele amolecer e começar a abrir.

Misture as nozes, a cebolinha e a pimenta-malagueta em uma tigela, adicione a lentilha, o restante do azeite e o suco de limão.

Sirva a salada em dois pratos sobre uma camada de rúcula, coberta com a pera caramelizada e o ramo de tomate.

**DADO NUTRICIONAL**
**A lentilha é uma excelente fonte de zinco e magnésio, fortes aliados em tempos de estresse.**

Não há nada melhor que uma salada colorida para conquistar quem não liga para alimentação saudável. Quanto mais cor, menos reclamação!

# Salada de raízes e nozes

**1 porção como prato principal ou 2 porções como acompanhamento**

50 g de beterraba descascada e cortada em fatias finas
75 g de cenoura cortada em cubos
20 g de pera cortada em cubos
1 cebolinha bem picada
15 g de nozes cruas cortadas em quatro e deixadas de molho por 1 hora
1 colher (sopa) de azeite
1 colher (sopa) de molho tamari
uma pitada de pimenta-de-caiena
15 g de folha de coentro picada

A beterraba auxilia o fígado em seu trabalho natural de desintoxicação do organismo, e as nozes contêm ácidos graxos essenciais que ajudam no bom funcionamento do cérebro. (foto na p. 96)

Misture a beterraba, a cenoura, a pera, a cebolinha e as nozes escorridas. Adicione um fio de azeite e de molho tamari, polvilhe com a pimenta e mexa com cuidado.

Na hora de servir, acrescente o coentro e decore com lindos brotos.

# Salada de romã e muçarela

**2 porções**

sementes de 1 romã
2 bolas de muçarela de búfala escorridas

**Para o molho**
2 colheres (sopa) de salsa lisa e hortelã picadas grosseiramente
1 dente de alho amassado
1 pimenta-malagueta sem sementes e bem picada
2 colheres (sopa) de azeite
uma pitada de cominho moído

O jeito mais fácil de tirar a parte branca das sementes da romã é soltá-las do interior da fruta e depois colocá-las em uma tigela de água fria, pois assim ela sobe para a superfície. (foto na p. 97)

Extraia as sementes da romã (se tiver outro método, siga-o).

Corte a muçarela em seis ou oito pedaços e distribua entre dois pratos. Bata os ingredientes do molho.

Para servir, regue a muçarela com o molho e polvilhe com as sementes de romã.

# Salada de fava e cevadinha

**1 porção**

40 g de cevadinha
1 colher (chá) de mix de ervas (p. 80)
30 g de fava
2 colheres (sopa) de azeite
suco de ½ limão-taiti
uma pitada de sal rosa do Himalaia
1 dente de alho pequeno amassado
1 cenoura ralada
15 g de endro bem picado
uma pitada de cominho moído
2 talos de brócolis japonês
½ pimenta-malagueta cortada na diagonal, para decorar (opcional)

A combinação de uma leguminosa e um cereal fornece os oito aminoácidos essenciais para o organismo.

Cozinhe a cevadinha e o mix de ervas em fogo brando por 25-30 minutos depois de ferver, até ficar macia. Escorra e reserve.

Bata no liquidificador a fava com o azeite, o suco de limão, o sal e o alho, pulsando por 1 minuto até obter uma pasta grossa.

Transfira a pasta para uma tigela e acrescente a cevadinha, a cenoura, o endro e o cominho.

Enquanto isso, cozinhe os brócolis no vapor até ficarem macios.

Sirva a salada com os brócolis e decorada com a pimenta-malagueta.

# Salada de cogumelo e erva-doce

**1 porção**

♥♥♥

1 cogumelo portobello
1 dente de alho picado
3 ramos de tomilho
uma pitada de sal rosa do Himalaia
2 colheres (sopa) de azeite
85 g de erva-doce picada
suco de ½ limão-siciliano
½ colher (sopa) de semente de abóbora crua
5 g de salsa lisa picada grosseiramente

Essa receita estimula o paladar, ao combinar o cogumelo macio e a erva-doce crocante e fresca com o sabor levemente amargo da semente de abóbora.

Preaqueça o forno a 180°C.

Coloque o cogumelo numa assadeira forrada com papel-manteiga, polvilhe-o com o alho, o tomilho e o sal e regue com metade do azeite. Asse por 15 minutos, até ficar macio.

Misture a erva-doce com o restante do azeite e o suco de limão.

Para servir, disponha o cogumelo no prato e cubra-o com a erva-doce e a semente de abóbora. Polvilhe com a salsa.

# Salada de beterraba, alho assado e quinoa com feta

**2 porções**

♥♥♥

1 cabeça de alho inteira
1 beterraba grande cortada em oito ou 2 beterrabas pequenas cortadas em quatro
1 cebola roxa descascada e cortada em oito
4 colheres (sopa) de azeite
1 ramo de tomate-cereja
70 g de quinoa
1 colher (chá) de mix de ervas (p. 80)
uma pitada de sal rosa do Himalaia
40 g de folhas mistas (como alface, rúcula, agrião)
40 g de feta amassado
Molho de limão ou Molho secreto, para servir (p. 104)

**DADO NUTRICIONAL**
**O betacaroteno – presente na beterraba, no tomate e na cebola roxa – protege o epitélio externo e interno. Esse prato é um excelente antioxidante para consumir o ano todo.**

O contraste é o principal ingrediente dessa salada, que mistura sabores e texturas. Dá água na boca só de pensar!

Preaqueça o forno a 170°C.

Corte a parte de cima da cabeça de alho, expondo um pouco os dentes. Acomode em uma assadeira com a beterraba e a cebola. Regue com 2 colheres (sopa) do azeite e asse por 35 minutos. Acrescente o ramo de tomate e mantenha por mais 5-7 minutos, até ficarem macios.

Enquanto isso, meça o volume da quinoa e ferva o dobro desse volume de água. Adicione a quinoa e o mix de ervas e cozinhe em fogo brando por 20 minutos, ou até que os grãos se abram. Escorra e reserve.

Segure a base da cabeça de alho com um pano, esprema a polpa amolecida sobre uma tábua e amasse. Espalhe delicadamente essa pasta sobre a quinoa com o auxílio de uma colher. Mexa bem e tempere com o restante do azeite e o sal.

Para servir, distribua as folhas entre dois pratos e cubra com a quinoa. Espalhe a beterraba e a cebola, polvilhe com o feta e cubra com o tomate e o molho.

# Cinco molhos para salada

## Molho secreto

4 colheres (sopa) de azeite
2 colheres (sopa) de molho tamari
2 colheres (sopa) de vinagre balsâmico
1 colher (sopa) de calda de agave

Misture os ingredientes e regue qualquer salada!

## Maionese de soja

1 colher (sopa) bem cheia de iogurte de soja
1 colher (sopa) de azeite
1 dente de alho pequeno amassado

Misture os ingredientes, até ficar homogêneo.

## Molho de limão

4 colheres (sopa) de azeite
2 colheres (sopa) de vinagre de maçã
suco de 1 limão-siciliano
um punhado pequeno de coentro
1 colher (sopa) de calda de agave

Bata com o mixer ou no processador, até ficar cremoso.

## Molho de amêndoa picante

1 colher (sopa) bem cheia de
Manteiga de oleaginosas [feita com amêndoa] (p. 160)
3 colheres (sopa) de azeite
raspas finas e suco de 1 limão-taiti
1 colher (sopa) de molho tamari
uma pitada de pimenta-de-caiena
1 cm de pimenta-malagueta sem sementes e bem picada

Bata com o mixer ou no processador, até ficar homogêneo.

**Em sentido horário, a partir da esquerda**
Escolha o molho para sua salada: amêndoa picante, ao limão, secreto, tahine e cominho ou maionese de soja.

Há anos as pessoas pedem a receita dos nossos molhos para salada, pois eles acrescentam aos ingredientes mais simples um sabor divino. Experimente!

## Molho de tahine e cominho

1 colher (sopa) bem cheia de tahine
2 colheres (sopa) de azeite
suco de ½ limão-siciliano
1 colher (chá) bem cheia de cominho moído
3 colheres (sopa) de água

Bata com o mixer ou no processador, até ficar cremoso.

# pratos principais

# Minipizza

**8 unidades**

**Para a massa**
½ colher (chá) de fermento biológico seco
170 ml de água morna
285 g de farinha de espelta
½ colher (chá) de sal rosa do Himalaia

**Para o molho**
1 cebola picada
1 dente de alho
1 colher (sopa) de azeite
2 colheres (sopa) de alcaparra enxaguada e escorrida
uma pitada de pimenta-malagueta desidratada em flocos
300 g de tomate sem sementes e cortado em cubos
1 colher (sopa) de orégano fresco ou 1 colher (chá) de orégano seco

Criamos essa receita (foto nas pp. 106-7) para quem tem intolerância a trigo. Os recheios da página ao lado são para uma pizza; assim, aumente a quantidade proporcionalmente, conforme necessário.

Preaqueça o forno a 200°C. Misture o fermento com a água, tampe e reserve em ambiente aquecido por cerca de 15 minutos.

Para fazer o molho, refogue a cebola e o alho no azeite, até começar a murchar. Adicione um pouco de água para esfriar e, em seguida, os demais ingredientes. Apure em fogo baixo por 15 minutos, até atingir a consistência desejada. Reserve.

Mexa o fermento diluído na água e espere mais 5 minutos.

Coloque a farinha e o sal em uma tigela grande. Faça uma cova no centro e despeje nela o fermento diluído na água. Vire sobre uma superfície lisa e trabalhe por 5-10 minutos, até ficar macia e lisa (adicione mais um pouco de farinha, se necessário).

Divida a massa em pedaços e forme bolas. Abra discos de massa em uma fôrma forrada com papel-manteiga, espalhe um pouco de molho de tomate e cubra com o recheio (veja ao lado). Asse por 10 minutos, ou até ficar pronta (gire aos 5 minutos se seu forno não distribui bem o calor).

**DADO NUTRICIONAL**
**A espelta é um cereal da família do trigo com um teor bastante reduzido de glúten. É também mais rica em minerais que o trigo e bem menos processada. Muitas pessoas que têm intolerância ao trigo conseguem consumir espelta.**

## Alcachofra e manjericão com muçarela

♥♥

2 fundos de alcachofra em conserva
cortados em fatias finas
2 folhas de manjericão picadas
20 g de muçarela de búfala picada

## Abobrinha e limão--siciliano com feta

♥♥

15 g de abobrinha cortada em fatias finas
3 tiras de casca de limão-siciliano
cortadas em fatias finas
15 g de feta amassado

## Erva-doce e batata-doce com queijo de cabra

♥♥

10 g de erva-doce cortada em fatias finas
15 g de batata-doce cortada em fatias finas
6 g de queijo de cabra duro ralado

## Alho assado, beterraba e feta

♥♥

3 dentes de alho assados, descascados
e amassados
7 g de beterraba cortada em fatias finas
10 g de feta picado

Ao preparar cobertura para pizza, crie com o que tiver vontade ou use ingredientes da estação. Esses são alguns dos nossos preferidos.

# Fritada de batata-doce com endro

**4 porções**

♥♥

200 g de batata-doce cortada em quatro no sentido do comprimento e depois em fatias finas
2 colheres (sopa) de azeite, mais um pouco para a frigideira
6 ovos
30 g de pimentão vermelho sem sementes cortado em tiras
2 colheres (sopa) de endro picado
uma pitada de sal rosa do Himalaia
salada de folhas, para servir

**Para variar, adicione**

60 g de alho-poró cortado em fatias
100 g de aspargo

**DADO NUTRICIONAL**

**Para os vegetarianos, os ovos são uma das poucas fontes de proteína completa e, ao contrário do que se acreditava, possuem quantidade de colesterol semelhante a outras fontes de proteína animal. De qualquer forma, é sempre indicado controlar a quantidade a ser consumida.**

Essa é uma receita ideal para dias exaustivos, pois é simples e dá muita energia. Adicione alho-poró ou um pouco de aspargo para enriquecer ainda mais o sabor e a textura.

Preaqueça o forno a 170°C.

Coloque a batata-doce numa assadeira forrada com papel-manteiga, regue-a com o azeite e asse por 20 minutos, até ficar macia. Deixe o forno ligado.

Bata os ovos e junte a batata-doce assada, o pimentão, o endro e o sal.

Unte com azeite uma frigideira antiaderente com cabo refratário. Despeje os ovos batidos com os legumes e frite em fogo brando, soltando as beiradas a cada 30 segundos para não grudar. Quando a fritada tomar forma e estiver a 5 mm da borda da frigideira, leve ao forno por 15-20 minutos. Confira se está pronta pressionando a superfície com uma espátula – não deve soltar nenhum líquido.

Sirva quente ou fria com salada mista.

# Lasanha de vegetais

**4 porções**

80 g de lentilha
1 tomate-caqui picado grosseiramente
4 colheres (sopa) de azeite, mais um pouco para pincelar
1 dente de alho picado
1 beterraba cortada em cubos
½ colher (chá) de molho tamari
2 colheres (chá) de cebolinha-francesa picada
uma pitada de cominho moído
2 colheres (sopa) de água
400 g de abóbora-cheirosa cortada em fatias finas no sentido do comprimento
300 g de abobrinha italiana cortada em fatias finas no sentido do comprimento

Essa receita supera qualquer preparação tradicional! Em vez de massa, usamos legumes coloridos. Sustenta bastante e não pesa no estômago.

Preaqueça o forno a 170°C.

Cozinhe a lentilha em fogo brando por 10-15 minutos depois de levantar fervura, até ficar *al dente*. Escorra e reserve.

Faça a base para o molho, refogando o tomate em azeite. Vá amassando um pouco o tomate. Junte o alho, a beterraba, o molho tamari, a cebolinha e o cominho. Acrescente a água e apure em fogo médio por 15 minutos, ou até engrossar. Adicione a lentilha com um pouco mais de água e cozinhe em fogo baixo por mais 5 minutos.

Numa fôrma refratária, monte uma camada com metade da abóbora, uma com um terço da abobrinha e uma com metade do molho. Repita e cubra com o restante da abobrinha. Pincele a abobrinha com o azeite e asse por 45 minutos, ou até os legumes ficarem macios.

Experimente usar o molho da Salada de romã e muçarela (p. 98) no lugar do azeite, para pincelar.

**O QUE É MOLHO TAMARI?**
**É um substituto do molho de soja (shoyu), boa opção para quem tem intolerância ao glúten. Também é escuro e tem sabor acentuado e fica excelente em molhos e marinadas.**

# Terrine de lentilha, coco e queijo de cabra

**4 porções**

♥

125 g de lentilha
100 g de abóbora-cheirosa cortada em cubos
3 colheres (sopa) de azeite
2 dentes de alho
200 ml de leite de coco
80 g de queijo de cabra ralado
40 g de salsa lisa picada, para decorar
agrião, para servir
½ pimenta-malagueta picada, para decorar (opcional)

Um prato ótimo para quem deseja comer algo mais substancioso. Para facilitar a digestão da lentilha, coloque um pedaço de alga kombu na panela ao cozinhar: isso ajudará a degradar as fibras da leguminosa.

Preaqueça o forno a 170°C.

Cozinhe a lentilha em fogo brando por 10-15 minutos depois de levantar fervura, até ficar *al dente*. Escorra e reserve.

Coloque a abóbora numa assadeira forrada com papel-manteiga, pincele-a com 2 colheres (sopa) do azeite e asse por 10 minutos. Retire antes de ficar totalmente macia. Mantenha o forno ligado.

Refogue o alho no restante do azeite, até ficar tenro. Acrescente a lentilha cozida, a abóbora assada e 50 ml do leite de coco. Cozinhe em fogo brando por 5 minutos.

Despeje a mistura em um refratário ou em quatro ramequins pequenos, cubra com o restante do leite de coco e asse por 15 minutos. Polvilhe com o queijo de cabra e volte ao forno até derreter.

Sirva salpicada com salsa e agrião. Se quiser deixar picante, use a pimenta-malagueta.

# Hambúrguer de quinoa e cranberry

**4 porções**

♥♥

100 g de batata-doce picada
3 colheres (sopa) de azeite
100 g de quinoa
2 colheres (chá) de caldo de legumes preparado com o mix de ervas (p. 80)
40 g de cranberry seco escorrido após 4 horas de molho
7 g de salsa picada
2 colheres (sopa) bem cheias de levedura em flocos
15 g de araruta
uma pitada de sal rosa do Himalaia
1 clara
azeite, para refogar

**Para o molho**

50 g de macadâmia
2 colheres (chá) de tahine
1 colher (chá) de gengibre ralado
suco de 1 limão-siciliano
2 colheres (sopa) de água
uma pitada de pimenta-de-caiena
uma pitada de cominho moído

Faça uma refeição supersaudável com esses minihambúrgueres com um toque adocicado como prato principal. Se moldados bem pequenos, podem ser servidos como canapés. A levedura é fonte de vitamina B12 e dá um leve sabor de queijo à receita. Mas, se não tiver, não tem problema!

Para fazer o molho, bata todos os ingredientes no liquidificador até ficar homogêneo. Reserve.

Preaqueça o forno a 170°C.

Coloque a batata-doce numa assadeira forrada com papel-manteiga, pincele-a com 2 colheres (sopa) de azeite e asse a 170°C por 30 minutos, até ficar macia. Passe no processador (ou use um mixer) com o restante do azeite, até obter um purê.

Meça o volume da quinoa e coloque o dobro desse volume de água para ferver. Junte a quinoa e o caldo de legumes e cozinhe em fogo brando por 20 minutos, ou até os grãos se abrirem. Escorra e reserve.

Misture o purê de batata-doce com a quinoa e o restante dos ingredientes e mexa até obter uma consistência com boa liga. Divida a mistura em oito partes e molde os hambúrgueres.

Frite os hambúrgueres em um pouco de azeite por cerca de 2 minutos de cada lado, até dourar. Transfira para uma assadeira forrada com papel-manteiga e asse por 10 minutos.

Sirva imediatamente, com o molho.

**O QUE É SAL ROSA DO HIMALAIA?**
**É um sal cristalino com tom pálido cor-de-rosa originário de reservas milenares. É naturalmente seco pelo sol, puro e contém minerais importantes.**

Pense que fazer uma salada é como construir uma casa, em que se somam diversas camadas de sabor, textura e cor. O resultado? Sempre surpreendente!

# Berinjela assada com sumagre e molho de tahine

**4 porções**

2 berinjelas cortadas em rodelas de 1 cm de espessura
azeite, para pincelar
uma pitada de sal rosa do Himalaia
pimenta-do-reino moída na hora
2 colheres (sopa) de pinhole torrado
um punhado generoso de manjericão
sementes de ½ romã (ver na p. 98 como tirar as sementes da romã)

**Para o molho**

40 g de tahine
3 colheres (sopa) de azeite
3 colheres (sopa) de suco de limão-siciliano
4 colheres (sopa) de água quente
1 dente de alho amassado
1 colher (chá) de sumagre
uma pitada de sal rosa do Himalaia

Essa receita de inspiração libanesa (foto na p. 118) é mais leve que outros pratos tradicionais com berinjela daquela região. O sumagre tem um sabor acentuado de limão-siciliano e é um ingrediente fundamental da culinária do Oriente Médio.

Para fazer o molho, bata todos os ingredientes até ficar homogêneo. Acerte o tempero e refrigere até a hora de usar (pode ser conservado em geladeira por até 3 dias).

Pincele levemente os dois lados das rodelas de berinjela com azeite e polvilhe com sal e pimenta.

Grelhe a berinjela dos dois lados em uma frigideira ou chapa de fogão bem quente, até ficar macia e dourar. Você pode também assá-la por 20-30 minutos a 220°C. Essa etapa pode ser feita com 3 dias de antecedência – conserve a berinjela assada na geladeira, mas sirva em temperatura ambiente.

Distribua a berinjela em uma travessa, regue com o molho e salpique com o pinhole torrado, o manjericão e as sementes de romã.

**DICA**

**Ao adicionar água ao tahine e começar a mexer, parece que a mistura vai talhar. Não se assuste: continue batendo, e ela ficará homogênea.**

# Salada de macarrão e tofu defumado com molho de mirin

**2 porções**

**Para a salada**
125 g de macarrão de trigo-sarraceno
50 g de cenoura em tiras finas
30 g de abobrinha em tiras finas
20 g de nabo em fatias finas
20 g de ervilha-torta picada
20 g de folhas de mizuna [ou folhas de mostarda]
20 g de broto de feijão
50 g de semente de romã, mais um pouco para decorar
4 colheres (chá) de óleo de gergelim
125 g de tofu defumado cortado em seis quadrados
2 colheres (chá) de molho tamari
folhas de coentro
gengibre em conserva
50 g de castanha-de-caju torrada, para decorar

**Para o molho**
25 g de missô claro
25 ml de mirin
2 colheres (chá) de óleo de gergelim
2 colheres (chá) de purê de umeboshi (ameixa japonesa)
125 g de gengibre em conserva
½ colher (sopa) de vinagre de arroz
1 colher (sopa) de suco de limão
75 ml de azeite
2 colheres (chá) de água

Fatias finas de cenoura e abobrinha tornam esse prato asiático (foto na p. 119) bom de comer e de olhar. O macarrão (sobá) de trigo-sarraceno adiciona substância.

Para fazer o molho, bata todos os ingredientes no liquidificador, até ficar encorpado e homogêneo.

Cozinhe o macarrão seguindo as instruções da embalagem. Esfrie em água corrente e escorra. Misture com a cenoura e a abobrinha e mexa. Adicione os legumes restantes, a semente de romã e 2 colheres (chá) do óleo de gergelim.

Antes de servir, frite o tofu por 2 minutos no restante do óleo de gergelim, até dourar os dois lados. Adicione o molho tamari, mexa para cobrir e caramelizar o tofu, e deixe por 2 minutos. Monte em 2 espetos de madeira, alternando os cubos de tofu com folhas inteiras de coentro e o gengibre.

Para servir, misture o molho ao macarrão. Arrume a salada no prato e espalhe a castanha-de-caju e a semente de romã. Sirva acompanhado de um espetinho de tofu.

**DADO NUTRICIONAL**

**Apesar do nome, o trigo-sarraceno não tem relação com o trigo e, como a quinoa, é classificado como pseudocereal. Especialmente rico em rutina, fortalece e protege o delicado revestimento interno das artérias e vasos capilares. É um alimento bom para o coração.**

# Bolinho de milho-verde e fava

**2 porções**

♥♥

2 ovos grandes
100 g de milho-verde em lata ou descongelado e escorrido
115 g de fava cozida e escorrida
50 g de farinha de arroz
2 colheres (sopa) de coentro bem picado
1 pimenta-malagueta sem sementes e bem picada
suco de 1 limão-taiti
¼ de colher (chá) de sal rosa do Himalaia
pimenta-do-reino moída na hora
óleo de girassol, para fritar

**Para o molho**

2 colheres (chá) de missô claro
1 colher (chá) de calda de agave
1 colher (chá) de suco de limão-siciliano

Experimente esses petiscos coloridos e incrivelmente deliciosos. Parecem o tipo de guloseima "proibida", mas ao fim da refeição você se sentirá leve e atento.

Para fazer o molho, bata os ingredientes e reserve.

Para fazer os bolinhos, bata os ovos e acrescente o milho-verde e a fava. Junte a farinha e mexa até incorporar. Adicione o coentro, a pimenta-malagueta e o suco de limão, tempere com sal e bastante pimenta-do-reino.

Aqueça um pouco de óleo de girassol em uma frigideira antiaderente e frite colheradas da massa dos dois lados, até dourar. Conforme o tamanho que desejar, use 1 ou 2 colheres (sopa) de massa para fazer um bolinho.

Sirva com a Salada de feta, pepino e espinafre (p. 123) e acompanhado do molho.

**DADO NUTRICIONAL**
**O milho-verde é rico em B1 (tiamina), conhecida como a vitamina da memória por participar dos impulsos nervosos no cérebro.**

# Salada de feta, pepino e espinafre

**4 porções**

♥♥♥

½ colher (chá) de mix de ervas (p. 80)
6 talos de brócolis japonês
40 g de ervilha descongelada
1 pimentão amarelo pequeno sem sementes e picado
1 cebolinha cortada fina na diagonal
60 g de pepino cortado em cubos
um pedaço de 5 cm de gengibre descascado e ralado
2 colheres (sopa) de azeite
suco de 1 limão-siciliano
100 g de feta picado
70 g de folha pequena de espinafre

Coloque o mix de ervas em uma panela com cerca de 7 cm de água. Depois de ferver, junte os brócolis e cozinhe em fogo brando por 3 minutos. Acrescente a ervilha e cozinhe por mais 2 minutos, só até os brócolis ficarem macios e a ervilha aquecer. Escorra e reserve.

Misture o pimentão, a cebolinha, o pepino e o gengibre. Junte o azeite e o suco de limão e mexa para distribuir o gengibre por igual. Acrescente os brócolis com ervilha, o feta e o espinafre.

Essa salada fica pronta em um instante e é uma refeição perfeitamente balanceada. Também funciona muito bem como acompanhamento – com ou sem o queijo, dependendo do prato que acompanhar.

# Espetinho de tofu picante com pesto de pimenta-malagueta

**2 porções**

♥♥

1 cebola picada
75 g de abóbora-cheirosa picada
1 bulbo de erva-doce picado
2 colheres (sopa) de azeite, mais um pouco para refogar
½ colher (chá) de harissa*
200 g de tofu em cubos

* Pasta feita com pimenta vermelha e especiarias. É encontrada em lojas de produtos árabes.

O tofu absorve sabores perfeitamente, como nesse prato incrivelmente sofisticado que pode ser preparado em pouco tempo. E o pesto é um deleite!

Prepare primeiro o Pesto de pimenta-malagueta (ver receita abaixo). Em seguida, preaqueça o forno a 180°C.

Misture os legumes picados com 1 colher (sopa) do azeite, disponha-os numa assadeira forrada com papel-manteiga e asse por 35-40 minutos.

Em uma frigideira antiaderente, junte a harissa com o restantedo azeite e acrescente o tofu. Refogue por 6 minutos, virando frequentemente.

Intercale o tofu e os legumes assados em espetinhos de madeira e sirva com o pesto e o Espaguete de abobrinha ao molho de hortelã e manga (p. 126).

## Pesto de pimenta-malagueta

♥♥

40 g de rúcula
5 g de endro
50 g de castanha-de-caju crua
30 g de feta
suco de ½ limão-siciliano
½ colher (chá) de gengibre ralado
1 pimenta-malagueta pequena
15 g de semente de girassol crua
1 colher (sopa) de azeite
2 colheres (sopa) de água

Bata todos os ingredientes no liquidificador, até obter um creme perfeitamente homogêneo.

**DADO NUTRICIONAL**

**Abóboras e morangas são excelentes fontes de ácido fólico, que é importante no início da gravidez, e vitaminas B1, B6 e C. Além disso, as cores vivas vêm dos carotenos – em geral, quanto mais forte a cor, maior a concentração desses poderosos antioxidantes, que ajudam a prevenir problemas cardíacos.**

# Espaguete de abobrinha ao molho de hortelã e manga

Se você tiver vontade de comer macarrão enquanto estiver seguindo nosso programa de dieta, vale a pena experimentar esse prato. É o nosso "espaguete" cru, que deixa todo mundo satisfeito em um jantar.

**2 porções**

**Para o molho**
polpa de 1 manga
4 colheres (sopa) de azeite (ou mais, se desejar)
15 folhas de hortelã
½ colher (chá) de cominho moído
1 colher (chá) de suco de limão-taiti
um pedaço de pimenta-malagueta (2,5 cm)
um pedaço de gengibre (5 cm)

2 abobrinhas cortadas à juliana ou usando um cortador de legumes em espiral

Bata no liquidificador todos os ingredientes do molho, até ficar homogêneo.

Despeje o molho sobre o "espaguete" de abobrinha e misture. Pronto: agora é só servir.

**DADO NUTRICIONAL**
**A manga é fonte de muitos fitonutrientes – carotenoides, flavonoides e antioxidantes –, além de vitamina C e fibras. Essas substâncias de origem vegetal ajudam a prevenir cardiopatias, derrame cerebral e alguns tipos de câncer. A fruta contém ainda enzimas que ajudam na digestão. Nesse molho, a hortelã também contribui para a função digestiva.**

# Dhal de tomate e cogumelo

**4 porções**

♥♥♥

1 cebola picada
2 dentes de alho cortados em cubos
2 colheres (sopa) de azeite
½ colher (chá) de salsa seca
¼ de colher (chá) de coentro seco
¼ de colher (chá) de cominho em grão
200 g de tomate-cereja
2 cogumelos portobello cortados em fatias
900 ml de água
400 g de lentilha
um pedaço de pimenta--malagueta (5 cm) picado
100 g de coentro fresco picado grosseiramente
30 g de salsa picada grosseiramente
70 g de espinafre (opcional)

Dhal é um prato comum na Índia, à base de lentilha, ervilha ou feijão, consumido com arroz ou pão. Essa versão é uma fonte riquíssima de proteína, além de ser muito gostosa.

Refogue a cebola e o alho no azeite, em fogo médio, por 2 minutos, até começarem a absorver a gordura.

Junte a salsa, o coentro, o cominho, o tomate e os cogumelos com 25 ml de água. Cozinhe até o tomate começar a abrir e a água ser absorvida.

Acrescente a lentilha, a pimenta-malagueta e 400 ml de água e deixe cozinhar em fogo médio por 25-30 minutos, adicionando o restante da água aos poucos, sempre que precisar, até a lentilha ficar cozida e reduzida a uma consistência de papa, sem desmanchar.

Para servir, misture o coentro e a salsa frescos e o espinafre.

# Risoto de abóbora-cheirosa

**4 porções**

♥♥♥

- 200 g de abóbora-cheirosa cortada em cubos
- 3 colheres (sopa) de azeite
- 1 cebola picada
- 2 dentes de alho picado
- 180 g de arroz integral para risoto
- 600 ml de caldo de legumes quente preparado com o mix de ervas (p. 80)
- um punhado de sálvia picada, mais folhas inteiras para decorar
- uma pitada de sal rosa do Himalaia

Lembre-se de mexer continuamente o risoto. Só assim atingirá uma consistência supercremosa. Além disso, prepará-lo é um ato quase terapêutico e meditativo depois de um dia atribulado. O tempo e o esforço compensam.

Preaqueça o forno a 180°C.

Coloque a abóbora numa assadeira forrada com papel-manteiga, regue-a com 2 colheres (sopa) do azeite e asse por 15 minutos, até ficar quase macia.

Refogue a cebola e o alho no restante do azeite por 2-3 minutos, até murchar. Junte o arroz e cozinhe por 1 minuto, mexendo sempre para envolver no azeite. Abaixe o fogo e acrescente 2 conchas grandes de caldo. Mexa delicadamente, até o arroz absorver o líquido. Continue acrescentando o caldo, uma concha por vez, sempre mexendo e esperando absorver antes de colocar mais.

Depois de 30 minutos, misture a abóbora e a sálvia picada. Continue adicionando o caldo, até o arroz ficar cozido, porém *al dente* – isso levará cerca de 50 minutos. Tempere com o sal.

Sirva imediatamente, decorado com folhas de sálvia.

## DICA

**Depois que assimilar o modo de fazer esse prato, pode substituir a abóbora por outros legumes para variar o sabor e a textura. Lembre-se de ajustar o tempo de cozimento para cada tipo de legume – cogumelos, por exemplo, só devem ser adicionados no fim.**

# Risoto vermelho

**4 porções**

♥♥

1 cebola picada
2 dentes de alho picados
2 colheres (sopa) de azeite
180 g de arroz-vermelho
600 ml de caldo de legumes quente preparado com 1 colher (sopa) de mix de ervas (p. 80)
160 g de beterraba cortada em pedaços
um punhado de salsa picada
100 g de feta

Demora mais do que um risoto tradicional para ficar pronto, mas, além do sabor, esse prato tem um aspecto inusitado: a cor vibrante que vem da combinação do arroz com o caldo de beterraba.

Refogue a cebola e o alho no azeite por 2-3 minutos, até murchar. Junte o arroz e refogue por 1 minuto, mexendo sempre até que os grãos absorvam todo o azeite. Abaixe o fogo e acrescente 2 conchas grandes de caldo. Mexa delicadamente, até o arroz absorver o líquido. Continue acrescentando o caldo, uma concha por vez, mexendo até que seja totalmente absorvido antes de adicionar mais.

Após 10 minutos, junte a beterraba. Aos 25 minutos, adicione a maior parte da salsa picada. Continue acrescentando o caldo, até o arroz ficar cozido, porém *al dente* – isso levará cerca de 50 minutos. No final, coloque a maior parte do feta para deixar o risoto cremoso.

Sirva decorado com o restante do feta e da salsa picada.

# Carbonara de ervilha

**2 porções**

♥♥

1 cebola pequena cortada em cubos
2 dentes de alho pequenos cortados em fatias finas
225 g de ervilha descongelada e escorrida
100 g de fava (fresca ou descongelada e escorrida)
3 colheres (sopa) de azeite
sal rosa do Himalaia
pimenta-do-reino moída na hora
180 g de espaguete sem glúten
2 gemas
80 g de queijo de cabra ralado
um punhado grande de folhas de hortelã fresca picadas
um punhado grande de folhas de hortelã fresca inteiras
1 pimenta-malagueta picada na diagonal, para decorar (opcional)

Quem disse que é proibido saborear um prato de macarrão cremoso? Nunca quisemos abrir mão dessa receita deliciosa da infância; por isso, demos um jeito de prepará-la à moda da nossa dieta!

Refogue a cebola, o alho, a ervilha e a fava no azeite, em fogo médio, com a panela semitampada, até a cebola murchar. Tempere com sal e pimenta a gosto.

Cozinhe o espaguete em água e sal, seguindo as instruções da embalagem. Escorra e reserve.

Bata as gemas com metade do queijo e a hortelã picada e tempere com pimenta-do-reino.

Transfira o espaguete reservado para a panela com o refogado. Abaixe o fogo e junte as gemas batidas, mexendo o espaguete para envolver bem a massa e engrossar o molho.

Sirva polvilhado com o restante do queijo ralado e decorado com as folhas de hortelã e a pimenta-malagueta.

**DICA**

**O macarrão sem trigo tende a se desintegrar facilmente. Misture-o com cuidado ao molho.**

# Hambúrguer de feijão com batata-doce e salada de repolho

**4 porções**

♥♥

1 colher (chá) de coentro em pó
1 colher (chá) de cúrcuma
1½ colher (sopa) de azeite
2 dentes de alho grandes picados
1 pimenta-malagueta pequena picada
75 g de cebola picada
60 g de cenoura ralada
60 g de abobrinha ralada
50 g de milho-verde fresco ou congelado
250 g de feijão-fradinho cozido, enxaguado e escorrido
250 g de feijão-preto cozido, enxaguado e escorrido
1 colher (chá) de sal rosa do Himalaia
1 colher (sopa) de coentro fresco picado
50 g de quinoa em flocos
fubá, para empanar
óleo de girassol, para refogar

**Para servir**

Batata-doce à moda cajun (p. 136)
Supersalada de repolho (p. 136)

Não há nada mais gostoso do que uma boa mordida em um hambúrguer (saudável) acompanhado de uma batata-doce bem temperada e salada de repolho.

Aqueça o coentro em pó e a cúrcuma no azeite por 2 minutos, junte o alho e a pimenta-malagueta e refogue 1-2 minutos, até amaciarem. Adicione a cebola e deixe por mais 3-4 minutos, até murchar. Acrescente um pouco de água se o preparado ficar muito seco.

Adicione a cenoura e a abobrinha e refogue por 1-2 minutos, até ficarem macias. Junte o milho-verde e deixe mais 2 minutos, até amolecer. Acrescente os feijões e mantenha por mais 2 minutos, até amaciarem. Coloque o sal.

Transfira para uma tigela e misture o coentro picado e a quinoa. Deixe esfriar. Molde oito hambúrgueres, trabalhando a massa com cuidado para desmanchar o feijão.

Empane com bastante fubá e refrigere por 30 minutos.

Enquanto isso, preaqueça o forno a 160°C.

Frite os hambúrgueres, em levas, em óleo de girassol por cerca de 2 minutos de cada lado, até dourar. Transfira para uma assadeira forrada com papel-manteiga e asse por 20 minutos.

Sirva quente, com a Batata-doce à moda cajun e a Supersalada de repolho.

# Batata-doce à moda cajun

**4 porções**

♥♥♥

3 batatas-doces descascadas e cortadas no sentido do comprimento
2 colheres (sopa) de azeite
tempero cajun a gosto

Misture a batata-doce com o azeite e o tempero cajun a gosto. Transfira para uma assadeira forrada com papel-manteiga e leve ao forno a 160°C, por 30 minutos, ou até dourar.

Não precisa sentir culpa – essas batatas são muito mais saudáveis que as dos fast-foods.

# Supersalada de repolho

**4 porções**

♥♥♥

65 g de repolho roxo em fatias finas
150 g de repolho branco em fatias finas
50 g de batata-doce ralada
50 g de aipo-rábano ralado
50 g de maçã ralada
25 g de cebolinha picada fina
25 g de semente de girassol crua escorrida após 30 minutos de molho
1 colher (chá) de sal rosa do Himalaia
pimenta-do-reino moída na hora

**Maionese de tahine e castanha-de-caju**
1 colher (sopa) bem cheia de tahine
1 colher (chá) bem cheia de Manteiga de oleaginosas [feita com castanha-de-caju] (p. 160)
1 colher (sopa) de azeite
suco de ½ limão-taiti
½ colher (chá) de missô claro
2 dentes de alho
sal rosa do Himalaia
pimenta-do-reino moída na hora

Para fazer a maionese, bata todos os ingredientes no liquidificador, adicionando água aos poucos, conforme necessário, até formar um molho homogêneo. Tempere com sal e pimenta a gosto.

Junte os ingredientes da salada. Despeje a maionese e mexa até misturar bem.

Você pode preparar bastante "maionese" – ela se conserva 5 dias na geladeira e pode ser usada como molho cremoso para qualquer salada.

**O QUE É MISSÔ CLARO?**
**Ótimo para pratos light, o missô claro é fermentado por só 2-8 semanas, diferentemente de todos os outros missôs. Tem textura cremosa e fica fantástico em molhos para salada.**

# Tofu agridoce

**4 porções**

- 100 g de cenoura fatiada fina na diagonal
- 1 colher (sopa) de missô
- 300 ml de água fervente
- 100 g de gengibre em fatias finas
- 1 talo de erva-cidreira descascado e bem picado
- 10 tomates-italianos em cubos
- ½ pimentão verde em cubos
- ½ pimentão vermelho em cubos
- 50 g de edamame
- ½ cebola em fatias finas
- 1 colher (chá) de molho tamari
- 1 colher (sopa) de mel
- 150 g de tofu defumado em cubos
- arroz integral cozido, para servir
- castanha-de-caju torrada, para decorar

**Sempre procuramos uma alternativa para essa clássica receita chinesa saborosa. Claro que queríamos algo mais saudável. Felizmente, conseguimos!**

Escalde a cenoura em água fervente por 1 minuto.

Em outra panela, dissolva o missô na água fervente, adicione o gengibre e a erva-cidreira. Ferva novamente e cozinhe em fogo baixo por 25-30 minutos, até reduzir.

Adicione o tomate e cozinhe por cerca de 5 minutos, até reduzir. Acrescente os pimentões, o edamame e a cebola e cozinhe por mais 3 minutos. Adicione o molho tamari e o mel, depois o tofu. Espere aquecer.

Sirva com arroz, decorado com castanha-de-caju torrada.

# Ensopado de grão-de-bico e batata-doce

**4 porções**

♥♥

1 cebola roxa cortada em fatias finas
2 dentes de alho cortados em fatias finas
2 colheres (sopa) de azeite
600 ml de água
1 batata-doce cortada em cubos de 2,5 cm
5 tomates maduros grandes cortados em quatro
3 folhas de louro fresco ou seco
½ pimenta-malagueta bem picada
1 colher (chá) de cominho moído
uma pitada de pimenta--de-caiena
1 berinjela pequena cortada em quatro no sentido do comprimento e depois em fatias de 1 cm
800 g de grão-de-bico em lata enxaguado e escorrido
coentro picado grosseiramente, para servir
arroz integral cozido, para servir (opcional)

A casca da batata-doce contém muitos nutrientes, além de ser muito saborosa. Lave-a, esfregando bastante, antes de cozinhar. Nessa receita, qualquer tomate proporciona o mesmo resultado: uma refeição reconfortante.

Refogue a cebola e o alho no azeite por 3-4 minutos, até ficarem macios. Adicione 50 ml de água, a batata-doce e o tomate, amassando-o na panela. Coloque o louro. Cozinhe por 5 minutos.

Junte a pimenta-malagueta, o cominho, a pimenta-de-caiena e mais 300 ml de água e cozinhe em fogo brando por 15 minutos, até reduzir para um molho encorpado. Acrescente a berinjela, o grão-de-bico e o restante da água e mantenha por mais 10 minutos, mexendo frequentemente, até a berinjela ficar macia e o molho reduzir.

Polvilhe com coentro picado e sirva sozinho ou com arroz integral.

**DADO NUTRICIONAL**
**Você sabia que a pimenta-de--caiena ajuda a emagrecer graças à sua propriedade termogênica, que acelera o metabolismo?**

É difícil resistir a um curry colorido de legumes. É um prato simples de fazer e fica ainda melhor se preparado no dia anterior, pois os sabores se intensificam.

# Curry amarelo tailandês com arroz jasmim

**2 porções**

♥♥

**Para a pasta de curry**

3 cebolas picadas
1 talo de erva-cidreira descascado e picado
2 pimentas-malagueta pequenas sem sementes
5 dentes de alho
meio punhado de coentro
um pedaço (5 cm) de gengibre descascado e picado
raspas de limão
1 colher (sopa) de semente de coentro moída
1½ colher (sopa) de pimenta--vermelha em pó
½ colher (chá) de cúrcuma
2 colheres (chá) de calda de agave
¼ de colher (chá) de sal rosa do Himalaia

**Para o curry**

1 talo de erva-cidreira descascado e picado
1 colher (sopa) de óleo de coco
5 colheres (chá) bem cheias de pasta de curry
75 g de berinjela
400 ml de leite de coco
60 g de pimentão amarelo em tiras
45 g de ervilha-torta
50 g de aspargo verde
65 g de tomate-cereja
150 ml de água
4 folhas de manjericão picadas
molho tamari a gosto

Para quem nunca preparou um curry, essa receita (foto na p. 140) é ótima para uma primeira vez. Vale o esforço! Para ficar autêntico, sirva com arroz jasmim tailandês.

Para fazer a pasta de curry, bata todos os ingredientes no liquidificador até ficar homogêneo.

Para fazer o curry, salteie a erva-cidreira no óleo de coco em fogo brando por 2 minutos. Adicione a pasta de curry e refogue por 2 minutos.

Parta a berinjela ao meio no sentido do comprimento e depois corte-a em fatias finas.

Cozinhe a berinjela em 200 ml do leite de coco em fogo brando por 5 minutos. Junte o pimentão e cozinhe por mais 5 minutos.

Acrescente a ervilha-torta, o aspargo, o tomate-cereja cortado ao meio, o restante do leite de coco e a quantidade de água necessária para dar a consistência da sua preferência. Cozinhe por 4-5 minutos, até os legumes ficarem macios. Adicione o manjericão e molho tamari a gosto.

Gostamos de comer esse curry com arroz jasmim tailandês, de preferência integral, polvilhado com gergelim torrado e raspas de limão.

**DICA**

**Cuidado para não deixar o óleo esquentar demais e queimar os temperos, pois isso altera o magnífico sabor do curry.**

# Curry de feijão-da-china

**4 porções**

♥♥

½ colher (chá) de óleo de coco
1 cebola roxa picada
1 colher (chá) de alho amassado
1 colher (chá) de gengibre ralado
3-4 pimentas-malaguetas verdes ou vermelhas pequenas bem picadas (sem sementes, se quiser diminuir a picância)
1 colher (chá) bem cheia de missô
1 colher (chá) de canela em pó
1½ colher (chá) de cúrcuma
1 colher (chá) de páprica
2 folhas desidratadas de limão-kaffir ou raspas de limão-taiti
3 tomates italianos picados
1 batata-doce cortada em cubos
400 ml de leite de coco
150 g de feijão-da-china deixado de molho por 1 hora e cozido
1 punhado de folhas pequenas de espinafre (opcional)
coentro picado, para decorar
arroz integral, para servir

Esse prato colorido (foto na p. 141) aquece, é saboroso e não pesa no organismo. Até as crianças vão gostar.

Aqueça o óleo de coco em uma panela grande e retire o excesso com papel-toalha. Junte a cebola, o alho, o gengibre, a pimenta-malagueta e o missô e refogue por 2-3 minutos, até a cebola murchar.

Adicione os temperos, as folhas de limão-kaffir e o tomate. Cozinhe por mais 2-3 minutos, até o tomate amolecer. Acrescente a batata-doce e deixe por 3 minutos. Junte o leite de coco e o feijão-da-china. Mantenha em fogo brando por 15-20 minutos, até a batata-doce ficar macia.

Você pode colocar um punhado de espinafre no final ou apenas coentro picado para decorar. Sirva com arroz integral.

**DADO NUTRICIONAL**
**O feijão-da-china, também conhecido como feijão-mungo, é uma das leguminosas mais ricas em nutrientes, além de ser muito versátil. É um verdadeiro alimento energético. Pode ser substituído por feijão-verde ou fradinho.**

2

# Pad thai cru

Um prato muito divertido de preparar, principalmente para quem tem crianças em casa, porque usar o cortador de legumes é bem interessante.

**2 porções**

- 2 abobrinhas cortadas em tiras finas com cortador de legumes
- 1 cenoura cortada em tiras finas com cortador de legumes
- 20 g de edamame
- 50 g de ervilha-torta picada fina na diagonal
- 50 g de aspargo picado fino na diagonal

**Para o molho**

- 45 g de castanha-de-caju crua escorrida após 2 horas de molho
- 3 tâmaras frescas ou secas
- 1 talo de erva-cidreira descascado e picado
- 10 g de gengibre picado
- 2 dentes de alho grandes
- raspas e suco de 1 limão-taiti
- 1 colher (sopa) de molho tamari
- 1 colher (chá) de pimenta-malagueta em flocos

**Para decorar**

- 1 colher (sopa) de coentro bem picado
- castanha-de-caju levemente torrada
- 1 cebolinha picada fina na diagonal

Para fazer o molho, bata todos os ingredientes no liquidificador, adicionando água aos poucos, até ficar homogêneo.

Coloque o "macarrão" de abobrinha e cenoura em uma tigela, com a soja verde, a ervilha-torta e o aspargo. Despeje o molho e mexa para envolver totalmente os ingredientes.

Sirva decorado com coentro picado, castanha-de-caju e cebolinha.

# Berinjela com castanha-de-caju

**2 porções**

♥

1 berinjela cortada ao meio no sentido do comprimento
4 colheres (sopa) de azeite
50 g de castanha-de-caju crua
40 g de coentro
1 dente de alho
50 g de feta picado

Essa receita simples e saborosa não requer nenhum esforço. É uma refeição "carnuda" (ainda que não tenha carne) e completa, com a proteína da castanha-de-caju.

Preaqueça o forno a 170°C.

Disponha a berinjela em uma assadeira forrada com papel-manteiga com o lado cortado para cima. Pincele com 2 colheres (sopa) do azeite e asse por cerca de 25 minutos.

Bata no liquidificador a castanha-de-caju, o coentro, o alho e o restante do azeite, até obter uma pasta grossa. Quando a berinjela estiver quase macia, cubra com o pesto e volte ao forno por mais 10 minutos, até começar a dourar e ficar crocante.

Sirva polvilhada com feta e acompanhada de Tabule adocicado (ver receita abaixo).

## Tabule adocicado

**2 porções**

♥♥

80 g de tomate-cereja sem sementes e cortado em quatro
100 g de salsa lisa picada grosseiramente
30 g de gergelim cru
2 colheres (sopa) de azeite
suco de 2 limões-sicilianos
2 colheres (chá) de calda de agave

Misture o tomate com a salsa e o gergelim. Bata o restante dos ingredientes, despeje sobre a salada e mexa.

**DADO NUTRICIONAL**
**A salsa é muito rica em ferro e dá disposição para o dia.**

Essa salada agridoce é refrescante – você vai querer comer uma travessa inteira! O gergelim é uma excelente fonte de minerais, incluindo cálcio e selênio.

# petiscos e lanches

# Barrinha de cereal

**12 unidades**

200 g de aveia em flocos grossos
200 g de tâmara seca picada
100 g de figo seco picado
75 g de baga de goji seca
75 g de mirtilo seco
75 g de uva-passa
2 colheres (sopa) de semente de linhaça crua
uma pitada de canela em pó
½ colher (chá) de extrato de baunilha
½ colher (sopa) de lúcuma em pó
1 colher (sopa) de maca peruana em pó
2 colheres (sopa) de semente de abóbora crua
1 colher (sopa) de calda de agave

**DADO NUTRICIONAL**
**Nenhuma barra de cereal é melhor do que a feita em casa: essa é superenergética, não tem aditivos e é rica em vitamina B.**

Para um lanche totalmente sem culpa, nada melhor do que escolher um superalimento (foto nas pp. 148-9). Esse inclui goji, lúcuma, maca peruana, mirtilo e calda de agave, todos ricos em antioxidantes que trazem saúde e energia para o organismo. É difícil acreditar que, além de gostoso, faz tão bem. Deixe esfriar completamente antes de consumir.

Preaqueça o forno a 150°C.

Espalhe a aveia em uma assadeira e leve ao forno por cerca de 20 minutos ou até dourar, mexendo a cada 5 minutos. Retire e deixe esfriar.

Para fazer o xarope, coloque a tâmara e o figo em uma panela e acrescente duas vezes a altura de água. Ferva e cozinhe por cerca de 45 minutos, mexendo de vez em quando. Acrescente água se secar demais. Reduza até formar um líquido pastoso e doce. O tempo de cozimento dependerá do quanto as frutas estiverem secas; quanto mais seca, mais demorado. Assim que obtiver o xarope, retire do fogo.

Junte a baga de goji, o mirtilo, a uva-passa e a linhaça. Reserve por 10 minutos, até as frutas hidratarem e absorverem um pouco do xarope.

Acrescente a canela, o extrato de baunilha, a lúcuma, a maca, a semente de abóbora e a calda de agave. Aos poucos, adicione a aveia e mexa para envolver completamente com o xarope.

Distribua essa massa por igual em uma assadeira grande, deixando com 1,5 cm de altura. Asse a 150°C por 15-20 minutos, até dourar.

Corte em doze quadrados. Desenforme sobre uma grade e espere esfriar.

# Docinho de chocolate e amendoim

**6 unidades**

100 g de pasta de cacau crua
4 colheres (sopa) de calda de agave
75 g de cacau cru em pó
150 g de amendoim cru sem sal
2 colheres (sopa) de óleo de coco
1 colher (chá) de levedura em flocos

Um lanche saudável com gostinho de infância para crianças e adultos!

Bata a pasta de cacau com a calda de agave no liquidificador em velocidade alta até formar um líquido espesso. Junte o cacau em flocos e bata até incorporar. Distribua em seis forminhas de papel, reservando um pouco para a cobertura. Leve ao congelador por 4 minutos para endurecer.

Bata o restante dos ingredientes, até obter a consistência de manteiga macia. Recheie os copinhos de chocolate com a manteiga de amendoim e cubra com o restante do chocolate. Volte para o freezer por 5-10 minutos. Conserve refrigerado em um pote hermético.

# Barrinha puxa-puxa

**10-12 unidades**

♥♥

175 g de tâmara picada
450 ml de água
150 g de castanha-de-caju crua
150 g de avelã crua
300 g de aveia em flocos grossos
150 g de semente de abóbora crua
150 g de semente de girassol crua
475 g de calda de agave ou mel
75 g de mix de sementes cruas (abóbora, girassol e gergelim), para a cobertura

O bom dessa barrinha é que, por ser caseira, não tem aditivos que não combinam com a vida saudável. O uso de várias sementes e oleaginosas garante a proteína e a gordura boa, que nutre o cérebro e a pele e melhora a disposição. Você vai amar.

Preaqueça o forno a 160°C.

Cozinhe a tâmara em 225 ml de água em fogo brando, até amolecer. Bata no liquidificador, até obter uma pasta. Reserve.

Bata a castanha-de-caju e a avelã no liquidificador com o restante da água, até obter um creme homogêneo. Misture à pasta de tâmara.

Triture grosseiramente no processador a aveia, a semente de abóbora e a de girassol por cerca de 1 minuto. Adicione à mistura de tâmara e castanha. Junte a calda de agave ou mel e mexa.

Distribua essa massa em uma assadeira forrada com papel-manteiga, deixando com 1-2 cm de altura. Polvilhe com o mix de sementes e asse por 20 minutos, até dourar.

Deixe esfriar na assadeira antes de cortar.

**O QUE É CALDA DE AGAVE?**
**Também conhecida como xarope, extrato ou néctar de agave, é extraída naturalmente da polpa dessa planta originária do México. Substitui o açúcar e é uma ótima fonte de minerais, como ferro, cálcio, potássio e magnésio.**

Adoramos comer um doce sabendo que faz bem para a saúde!

# Bolinha de coco e chocolate

**12 unidades**

10 tâmaras frescas descaroçadas
50 g de cacau cru em pó
25 g de amêndoa crua
200 g de coco ralado
30 g de calda de agave
2 colheres (sopa) de óleo de coco
1 colher (chá) de xilitol
2 colheres (sopa) de água

Quem resiste a um docinho lindo e saboroso? Se você precisa de uma dose regular de chocolate, não perca essa receita (foto na p. 154).

Preaqueça o forno a 180°C.

Bata no liquidificador ou processador a tâmara, o cacau e a amêndoa por cerca de 1 minuto, até obter uma pasta viscosa. Junte o restante dos ingredientes e bata até obter uma consistência irregular.

Divida a massa em doze porções e molde as bolinhas. Forre uma assadeira com papel-manteiga, disponha os docinhos e asse por 10 minutos. Deixe esfriar.

# Bolinha crua de manga e coco

**20 unidades**

250 g de coco ralado
200 g de manga seca escorrida após 30 minutos de molho
40 g de calda de agave
8 colheres (sopa) de óleo de coco
2 colheres (chá) de raspas de limão-siciliano

Para um lanche da manhã estimulante, experimente esse docinho (foto na p. 155) – ele derrete na boca!

Passe no processador 225 g do coco com a manga, a calda de agave, o óleo de coco e as raspas de limão, pulsando até ficar homogêneo.

Molde bolinhas com a massa e passe no restante do coco.

Leve ao freezer por 20 minutos em uma fôrma forrada com papel-manteiga. Conserve na geladeira em um pote hermético.

# Biscoito do bem

**15 unidades**

135 g de castanha-do-pará crua
250 g de amêndoa crua
80 g de coco ralado
175 g de ameixa preta
85 g de damasco seco
30 g de semente de girassol crua
40 g de semente de abóbora crua
raspas finas de 1 limão-siciliano
2 colheres (sopa) de suco de maçã

**Esse é um sério candidato ao prêmio de biscoito mais saudável do mundo, o que não quer dizer que o sabor deixe a desejar.**

Preaqueça o forno a 150°C.

Passe os ingredientes no processador, até formar uma massa homogênea, adicionando um pouco mais de suco de maçã, se necessário.

Divida a massa em quinze partes e molde bolinhas. Disponha-as em uma assadeira forrada com papel-manteiga e achate-as para fazer biscoitos com 5 mm de espessura.

Asse por 15 minutos, ou só até firmarem. Deixe esfriar sobre uma grade de metal.

# Chips de couve

Você vai se surpreender com esse petisco: é quase inacreditável que uma verdura desidratada possa ser tão deliciosa e nutritiva.

**rende 60 g**

6 g de tomilho
suco de 1 limão-siciliano
60 g de levedura em flocos
100 g de castanha-de-caju crua
120 ml de água
60 g de couve cortada em pedaços de 5 cm

Bata no liquidificador todos os ingredientes, exceto a couve, até obter uma mistura homogênea. Cubra delicadamente a verdura com essa pasta, até que todos os pedaços estejam envolvidos.

Leve ao desidratador por 10 horas, ou, se não tiver um aparelho desse, asse em forno preaquecido a 110°C por 1 hora.

**DADO NUTRICIONAL**
**Vegetarianos e veganos dispõem de poucas fontes de vitamina B12. A saborosa levedura em flocos é uma ótima maneira de obter esse importante nutriente.**

# Pão de coco

**1 pão pequeno**

- 280 g de farinha de espelta
- 2 colheres (chá) de fermento químico em pó
- 2 colheres (chá) de canela em pó
- 130 g de coco ralado fino
- 75 g de óleo de coco, mais um pouco para untar
- 150 g de calda de agave
- 2 ovos
- 300 ml de Leite de arroz integral (p. 57)
- 1 colher (chá) de extrato de baunilha

Sim, você pode comer pão. Essa receita é saudável e excelente para o lanche da tarde.

Preaqueça o forno a 180°C. Unte uma fôrma para pão pequena (19 cm x 8,5 cm) com óleo de coco. Peneire a farinha, o fermento, a canela e o coco ralado em uma tigela.

Em outra vasilha, bata o óleo de coco com a calda de agave. Junte os ovos, o leite e a baunilha e misture até ficar homogêneo. Incorpore aos ingredientes secos.

Transfira a massa para a fôrma e asse por cerca de 1 hora. O pão vai crescer um pouco, e a crosta ficará dourada. Para verificar se está pronto, insira a ponta de uma faca ou um palito até o centro do pão. Se sair limpo, está pronto.

Deixe esfriar na fôrma por 10 minutos. Desenforme sobre uma grade de metal e deixe esfriar completamente.

# Manteiga de oleaginosas

Para fazer manteiga de qualquer oleaginosa, simplesmente bata no liquidificador ou no processador a quantidade que desejar, até ficar com a consistência cremosa, proporcionada pelos óleos naturais.

Nossas preferidas são a manteiga de amêndoa e a de castanha-de-caju.

**DICA**

**Se tiver dificuldade para obter a consistência cremosa, acrescente algumas gotas de azeite.**

# Pão de espelta e bicarbonato

**1 pão grande**

♥

500 g de farinha de espelta
1 colher (chá) de sal rosa do Himalaia
1 colher (chá) de bicarbonato de sódio
25 g de óleo de coco
60 g de nozes cruas picadas
1 ovo
300 ml de iogurte de leite de cabra*
2-3 colheres (sopa) de água

* Pode ser substituído por iogurte de soja.

Ótima alternativa para quem segue uma dieta sem levedura. O bicarbonato de sódio age de forma semelhante ao fermento biológico, resultando em um pão delicioso e leve.

Preaqueça o forno a 220°C.

Peneire a farinha, o sal e o bicarbonato de sódio em uma tigela. Adicione o óleo de coco e trabalhe com os dedos, até obter uma farofa. Adicione as nozes. Bata o ovo com o iogurte e acrescente à mistura. Se necessário, adicione água até formar uma massa homogênea.

Molde o pão e asse em fôrma untada e forrada com papel-manteiga por 10 minutos. Abaixe a temperatura para 190°C e mantenha por mais 30-40 minutos, até crescer bem e emitir um som oco ao bater na base. Deixe esfriar sobre uma grade de metal.

# Pão de batata-doce

**1 pão pequeno**

♥♥

12 g de fermento biológico fresco
150 ml de água morna
115 g de farinha de espelta
100 g de farinha de centeio
280 g de batata-doce ralada, espremida para retirar o excesso de líquido e enxugada
óleo de girassol, para untar

Você vai encontrar esse tubérculo em algumas de nossas receitas de pães e bolos. É uma "trapaça" saudável que proporciona doçura e textura úmida.

Misture o fermento com metade da água, cubra e reserve em ambiente aquecido por cerca de 15 minutos, até começar a espumar.

Numa tigela grande, junte as farinhas e a batata-doce, faça uma cova no centro e adicione a mistura de fermento e o restante da água. Misture bem. Vire a massa sobre uma superfície ligeiramente enfarinhada e amasse por 10 minutos. Recoloque a massa na tigela, cubra e deixe crescer por 30 minutos em ambiente aquecido, até dobrar de tamanho.

Em uma superfície lisa, molde um pão redondo. Coloque-o em uma assadeira untada e forrada com papel-manteiga, cubra e deixe crescer por mais 30 minutos. Asse a 170°C por 40 minutos, até crescer. Deixe esfriar sobre uma grade de metal.

# Pão de espelta

**1 pão de 500 g**

♥♥♥

225 g de farinha de espelta, centeio ou cevada
1 colher (sopa) de fermento químico em pó
¼ de colher (chá) de sal rosa do Himalaia
1 colher (sopa) de azeite
225 ml de água
1 colher (sopa) de xarope de tâmara ou melado

**Se você deu adeus ao trigo, experimente essa receita. A concentração de minerais nesses grãos é excelente.**

Preaqueça o forno a 190°C.

Combine os ingredientes secos e adicione a eles o azeite misturado com água. Trabalhe até obter uma massa espessa. Transfira para uma fôrma de pão pequena (19 cm x 8,5 cm) e asse por 50-55 minutos, até crescer bem.

Mais ou menos 25 minutos após colocar o pão para assar, pincele a parte de cima com o xarope de tâmara ou o melado para dar cor à casca. Deixe esfriar sobre uma grade de metal.

# Pão de espelta com sementes

**1 pão pequeno**

♥

12 g de fermento biológico fresco
150 ml de água morna
115 g de farinha de espelta
100 g de farinha de centeio
½ colher (chá) de semente de erva-doce torrada
½ colher (chá) de semente de cominho-preto
½ colher (chá) de semente de mostarda
óleo de girassol, para untar

**Aposte na mistura de especiarias para fazer esse ótimo acompanhamento para qualquer prato de sabor acentuado.**

Misture o fermento com metade da água, cubra e reserve em ambiente aquecido por cerca de 15 minutos, até começar a espumar.

Em uma tigela grande, junte as farinhas e as sementes. Faça uma cova no centro e adicione a mistura de fermento e o restante da água. Misture bem. Vire a massa sobre uma superfície ligeiramente enfarinhada e amasse por 10 minutos. Recoloque a massa na tigela, cubra e deixe crescer por 30 minutos em ambiente aquecido, até dobrar de tamanho.

Numa superfície lisa, molde um pão redondo ou divida em pãezinhos. Coloque em uma assadeira untada e forrada com papel-manteiga, cubra e deixe crescer por mais 30 minutos. Asse a 170°C por 40 minutos, até crescer bem e emitir um som oco ao bater na base (os pãezinhos assam um pouco mais rápido, 25-30 minutos). Deixe esfriar sobre uma grade de metal.

Esta página mostra como sua mesa pode ser colorida e vibrante. Uma surpresa para quem ainda acha que comida vegetariana tem aspecto e sabor de papelão!

# Dip de beterraba e nozes

**3-4 porções**

250 g de beterraba cozida e picada grosseiramente
1-2 dentes de alho amassados
1 maço pequeno de coentro picado grosseiramente
1 maço pequeno de salsa picada grosseiramente
50 g de nozes
3 colheres (chá) de azeite
2 colheres (chá) de vinagre de vinho tinto
sal rosa do Himalaia
pimenta-do-reino moída na hora

A combinação de doce e amargo estimula o apetite. Experimente essa pasta (foto na p. 164) no lanche da tarde, como aperitivo ou entrada.

Passe no processador a beterraba, o alho, o coentro, a salsa e as nozes, até obter uma pasta não homogênea. Acrescente o azeite e o vinagre. Tempere com sal e pimenta a gosto e misture para incorporar.

Sirva com vegetais crus ou para incrementar uma salada.

# Pasta de berinjela

**3-4 porções**

2 berinjelas grandes
20 g de tahine
2 dentes de alho
suco de 1 limão-siciliano
azeite, para decorar
sumagre, para decorar
pão ou vegetais crus, para servir

**DADO NUTRICIONAL**
**O alho auxilia a função hepática, e o tahine é fonte de proteína, além de ser rico em selênio, que tem propriedade antioxidante.**

Para dar a essa pasta um sabor de defumado, asse as berinjelas diretamente sobre a chama do fogão, na churrasqueira ou em forno bem quente. O aroma da casca tostada abre o apetite.

Asse as berinjelas por cerca de 5 minutos, virando frequentemente, até ficarem bem macias. Espere esfriar um pouco, tire o cabo e a casca.

Bata no liquidificador a polpa da berinjela com o tahine, o alho e o suco de limão-siciliano, até obter uma mistura homogênea.

Sirva decorada com uma espiral de azeite, polvilhada com sumagre e acompanhada de pão sem trigo ou vegetais crus.

# Casquinha de linhaça crua

**10 unidades**

♥♥♥

185 g de cenoura picada grosseiramente
250 g de tomate picado grosseiramente
20 g de coentro
80 ml de água
10 g de cebolinha bem picada
suco de ½ limão-siciliano
uma pitada de sal rosa do Himalaia
uma pitada de cominho moído
20 g de semente de linhaça crua escorrida após 2 horas de molho

O sabor desse petisco (foto na p. 165) remete a uma paisagem mediterrânea e vai fazer você se imaginar numa praia italiana!

Bata a cenoura, o tomate e o coentro com a água, até formar uma pasta irregular. Transfira para uma peneira e deixe escorrer bem. Passe para uma tigela e adicione a cebolinha, o suco de limão, uma pitada de sal e uma de cominho. Junte a linhaça e mexa para incorporar.

Leve ao desidratador, espalhado em uma bandeja com a espessura de 2 cm, por 10 horas. Se não tiver o aparelho, asse em forno preaquecido a 110°C por 1 hora. Quando secar, quebre em pedaços menores, como biscoitos.

# Homus com espinafre

**4 porções**

♥♥♥

400 g de grão-de-bico em lata enxaguado e escorrido
60 g de espinafre
1 colher (sopa) de tahine
suco de ½ limão-siciliano
2 colheres (sopa) de azeite
1 dente de alho pequeno amassado
125 ml de água

O grão-de-bico é a base perfeita para muitos temperos e complementos. Eu adoro a cor inusitada que o espinafre confere a essa pasta tradicional (foto na p. 165).

Bata no liquidificador o grão-de-bico, o espinafre, o tahine, o suco de limão, o azeite e o alho, até formar uma pasta. Adicione a água aos poucos para obter a consistência desejada.

# sobremesas

# Bolo de fubá e mirtilo

**10 porções**

♥♥

300 g de mirtilo
4 ovos grandes
200 g de xilitol
1½ colher (chá) de extrato de baunilha
sementes de ¼ de fava de baunilha
250 ml de óleo de girassol, mais um pouco para untar
250 ml de suco de maçã
250 g de farinha de espelta
110 g de fubá
1 colher (chá) de fermento químico em pó

Uma receita para arrasar! A cor do mirtilo quando vai à superfície é incrível. Sobremesa ideal (foto nas pp. 168-9) para servir com sorvete de baunilha.

Preaqueça o forno a a 180°C. Forre com papel-manteiga uma fôrma de fundo removível de 23 cm de diâmetro. Distribua o mirtilo uniformemente.

Bata os ovos com o xilitol, o extrato de baunilha e as sementes da fava, até formar espuma. Sem parar de bater, acrescente o óleo e o suco de maçã. Peneire a farinha de espelta, o fubá e o fermento. Acrescente aos ingredientes líquidos sem deixar grumos. Transfira a massa para a assadeira e asse por 1h30, ou até que um palito inserido no centro do bolo saia limpo.

Deixe esfriar na assadeira. Vire rápido sobre um prato, mantendo os mirtilos por cima. Retire o papel-manteiga e sirva.

# Musse de chocolate cru

**2 porções**

1 colher (sopa) de óleo de coco
1 avocado
1 colher (chá) de água
2 colheres (sopa) bem cheias de cacau cru em pó
2 colheres (sopa) de calda de agave (ou mais, a gosto)
framboesa ou mirtilo, para servir

Pergunte a seus convidados qual ingrediente inusitado está escondido nesse creme aveludado. Eles nunca vão adivinhar!

Derreta o óleo de coco em banho-maria e bata no liquidificador com a polpa do avocado e água, até ficar bem homogêneo. Junte o cacau e a calda de agave e bata mais, até ficar totalmente homogêneo. Prove e adicione um pouco mais de calda de agave, se necessário.

Refrigere por pelo menos 1 hora antes de servir.

Sirva com framboesa ou mirtilo... delícia!

Duas sobremesas deliciosas!

# Brownie de chocolate e batata-doce

**8 unidades**

♥

125 g de farinha de arroz
75 g de cacau cru em pó
¼ de colher (chá) de fermento químico em pó
175 g de purê de batata-doce
250 g de xarope de tâmara
175 g de óleo de coco derretido
1 ovo
¼ de colher (chá) de extrato de baunilha

Na tentativa de criar um doce perfeitamente saudável (foto na p. 172), manter a umidade foi um desafio. Nosso ingrediente secreto? A batata-doce.

Preaqueça o forno a 180°C. Forre uma assadeira retangular com papel-manteiga.

Peneire a farinha de arroz, o cacau e o fermento em uma tigela.

Em outra vasilha, misture o purê de batata-doce, o xarope de tâmara, o óleo de coco, o ovo e o extrato de baunilha. Adicione os ingredientes secos e misture bem.

Asse por 20-25 minutos, até ficar firme por fora e macio por dentro.

Deixe esfriar antes de cortar.

**O QUE É CACAU CRU?**
**É um dos incríveis superalimentos, muito rico em antioxidantes que ajudam o organismo a se fortalecer para combater as doenças.**

# Pera com anis-estrelado e creme de castanha-de-caju

**4 porções**

♥♥

4 peras maduras firmes descascadas, sem sementes e cortadas em quatro
5 anises-estrelados
30 g de calda de agave
150 g de castanha-de-caju crua
½ colher (chá) de extrato de baunilha
225 ml de água

Uma sobremesa (foto na p. 173) fácil de preparar, perfeita para quem gosta de refrescar o paladar ao final da refeição.

Preaqueça o forno a 160°C.

Distribua a pera espaçadamente em um refratário. Adicione água até cobrir metade da fruta. Espalhe o anis-estrelado e regue com 2 colheres (chá) da calda de agave. Asse por cerca de 25 minutos, ou até a pera ficar macia.

Bata no liquidificador a castanha-de-caju com o extrato de baunilha e 225 ml de água, até obter um creme homogêneo.

Quando a pera estiver pronta, retire os pedaços com uma escumadeira e reserve o líquido. Cozinhe metade dele com dois anises-estrelados e o restante da calda de agave em fogo alto por cerca de 5 minutos, mexendo sempre, até obter uma calda grossa.

Sirva a pera com a calda e um pouco mais do líquido que ficou no refratário, acompanhada do creme de castanha-de-caju.

**DADO NUTRICIONAL**
A semente de anis-estrelado tem propriedade antibacteriana e antiviral e é usada em toda a Ásia há milhares de anos.

# Ganache de chocolate

12-14 porções

Essa é a receita mais gordurosa deste livro – mas também é repleta de superalimentos! Saboreie sem culpa, você merece.

**Para a calda de chocolate**

400 g de cacau cru em pó
2 colheres (chá) de canela em pó
950 ml de calda de agave
2 colheres (chá) de sal rosa do Himalaia
2 colheres (chá) de extrato de baunilha
125 g de óleo de coco

**Para a ganache**

1 receita de calda de chocolate
3 colheres (sopa) de maca peruana em pó
1 colher (sopa) de espirulina
1 colher (chá) de canela em pó
75 g de semente de chia, de linhaça ou de cânhamo crua descascada

Para fazer a calda, bata os ingredientes no liquidificador, até obter um creme homogêneo.

Para fazer a ganache, bata a calda de chocolate com a maca peruana, a espirulina e a canela no liquidificador, até ficar homogênea. Transfira para uma assadeira quadrada de 20 cm ou uma fôrma com fundo removível forrada com papel-manteiga. Polvilhe com a semente de chia.

Coloque no congelador por 20 minutos até firmar, fatie e aproveite.

**DADO NUTRICIONAL**

A semente de cânhamo contém grande quantidade de ácidos graxos essenciais ômega-3 e ômega-6, sendo um dos alimentos que concentra a proporção mais saudável entre os dois. Além disso, é fonte de ácidos graxos superpoli-insaturados, notadamente o ácido gama-linolênico. Como sua comercialização é proibida no Brasil, indicou-se acima a substituição por semente de linhaça.

**O QUE É A MACA PERUANA CRUA?**

Era um alimento considerado afrodisíaco pelos incas. Há quem diga que esse fantástico antioxidante ajuda a regular os hormônios. Deliciosamente doce, é excelente para fazer pães, bolos e biscoitos, mas não deve ser consumida por quem tem câncer de mama.

# Bolo de amêndoa e limão-siciliano

**10 porções**

♥♥

4 ovos
60 g de mel
200 g de óleo de coco, mais um pouco para untar
250 g de amêndoa moída
1 colher (chá) de fermento químico em pó
raspas finas e suco de 3 limões-sicilianos pequenos ou 2 grandes
2 colheres (sopa) de semente de papoula*
chocolate cru derretido, para a cobertura (opcional)

* No Brasil, embora o uso culinário seja permitido, há certa dificuldade em encontrá-la. Se for o caso, substitua por chia ou gergelim

Rápido e fácil de fazer, esse é simplesmente o nosso bolo preferido. Coloque velinhas e pode cantar parabéns!

Preaqueça o forno a 160°C.

Bata os ovos com o mel.

Em outra vasilha, misture o óleo de coco e a amêndoa. Incorpore aos ovos batidos, até ficar homogênea.

Junte o fermento, as raspas e o suco de limão e mexa bastante, adicionando a semente de papoula no final.

Asse por 30 minutos em fôrma com fundo removível de 20-25 cm untada, até dourar (cubra com papel-alumínio se assar muito rápido). O bolo estará pronto quando a superfície ficar macia ao toque, ou quando um palito inserido no centro do bolo sair limpo.

Deixe esfriar sobre uma grade de metal e cubra com o chocolate derretido (opcional).

## DICAS

**Você pode variar essa receita:**

- **Para um bolo de laranja e amêndoa, descarte a semente de papoula e use raspas finas e suco de 2 laranjas pequenas em vez das de limão--siciliano.**
- **Para uma versão de chocolate, dispense a semente de papoula, acrescente 50 g de cacau cru em pó e use somente 200 g de amêndoa.**

Experimente essas guloseimas e sinta-se purificado. Não existe pecado na alimentação saudável!

# Bolo musse de farinha de coco e chocolate

**10-12 porções**

♥

100 g de farinha de coco
50 g de cacau cru em pó, mais ½ colher (sopa) para polvilhar
500 ml de Leite de linhaça* (p. 57)
120 g de halvarina, mais um pouco para untar
130 g de calda de agave
2 colheres (sopa) de xarope de yacon
2 colheres (sopa) de Manteiga de oleaginosas [feita com amêndoa] (p. 160)
4 ovos
1 colher (chá) de extrato de baunilha

* A edição original inglesa indicava aqui leite de cânhamo. Como a comercialização dessa semente é proibida no Brasil, foi indicada a substituição por leite de linhaça.

A textura densa e úmida é o diferencial dessa receita (foto na p. 180). Você pode fazer um bolo fino como o da foto ou usar uma fôrma menor para que fique mais alto e substancioso.

Preaqueça o forno a 150°C.

Peneire a farinha de coco e o cacau em pó.

Bata no liquidificador o leite de linhaça, a halvarina, a calda de agave, o xarope de yacon, a manteiga de amêndoa, os ovos e o extrato de baunilha por cerca de 1 minuto, até homogeneizar (vai formar um pouco de espuma). Incorpore delicadamente os ingredientes secos. A massa ficará bem espessa.

Transfira para uma fôrma com fundo removível levemente untada e asse por 30-50 minutos, dependendo da altura. Após 30 minutos, verifique se está assado (um palito inserido no centro do bolo deve sair limpo). Se não estiver, verifique a cada 10 minutos.

Mantenha na assadeira por 30 minutos antes de desenformar. O bolo firmará enquanto esfria. Sirva morno ou frio, polvilhado com um pouco de cacau em pó, com uma bola de sorvete ou sorbet (pp. 183-9).

**?**

**O QUE É XAROPE DE YACON?**
**Espesso e escuro, é usado como alternativa ao açúcar. É rico em fruto-oligossacarídeos – açúcares que auxiliam a digestão e são absorvidos lentamente para a corrente sanguínea – e também em vitaminas A, C e E.**

# Sorbet de lichia, manga e manjericão

**4-6 porções**

♥ 🌱

200 g de lichia
200 g de manga picada
1 colher (chá) de raspas de limão-taiti
2 colheres (sopa) de suco de limão-taiti
150 ml de calda de agave
225 ml de água
3 colheres (sopa) bem cheias de manjericão

Essa sobremesa (foto na p. 181) comprova que não é preciso consumir muito açúcar para satisfazer a vontade de comer doce.

Bata todos os ingredientes no liquidificador, até ficar homogêneo.

Coloque na sorveteira e congele seguindo as instruções do fabricante. Transfira para um pote, tampe e leve ao congelador até firmar.

Caso não tenha sorveteira, coloque em uma tigela rasa e leve ao congelador até as bordas começarem a endurecer. Bata vigorosamente com um garfo para quebrar os cristais de gelo e recoloque no congelador até firmar.

**DADO NUTRICIONAL**

**O manjericão é rico em vitamina C, e seu óleo essencial é altamente protetor para a pele. Talvez isso explique o fato de ser uma erva nativa de países quentes – a natureza sempre provê as necessidades locais.**

# Sorvete de chocolate do pastor

**6-8 porções**

♥

150 g de xilitol
350 ml de leite de cabra
3 gemas grandes
475 ml de iogurte de leite de cabra*
1 colher (chá) de extrato de baunilha
½ colher (chá) de baunilha em pó
3 colheres (sopa) de cacau cru em pó
1 colher (sopa) de pó de alfarroba
2 colheres (sopa) de pasta de cacau cru derretida

* Pode ser substituído por iogurte de soja.

**O QUE É O XILITOL?**
**O xilitol tem o índice glicêmico mais baixo entre todos os substitutos do açúcar. É superdoce, mas com um fundo mentolado fresco (por isso é usado em gomas de mascar) e, segundo dizem, é bom para os dentes. Fica perfeito em bolos e biscoitos!**

Demos esse nome à receita porque é feita com leite de cabra, que dá uma textura inacreditavelmente cremosa. Saboreie – você pode!

Cozinhe 100 g do xilitol com o leite de cabra, em fogo brando, mexendo sempre, até começar a dissolver.

Bata as gemas com o restante do xilitol em uma tigela que possa ir ao fogo, até a mistura ficar homogênea. Adicione o leite quente, sempre batendo, até incorporar. Cozinhe em fogo médio-baixo sem parar de mexer por cerca de 3 minutos, ou até o creme engrossar ligeiramente e cobrir as costas da colher. Não deixe ferver. Retire do fogo e deixe esfriar, mexendo de vez em quando para não talhar.

Em outro recipiente, misture o iogurte, o extrato de baunilha e a baunilha em pó. Adicione o creme frio aos poucos e mexa bem.

Misture o cacau em pó e o pó de alfarroba à pasta de cacau e incorpore delicadamente ao creme.

Coloque na sorveteira e congele seguindo as instruções do fabricante. Transfira para um pote, tampe e leve ao congelador, até firmar.

Caso não tenha sorveteira, coloque em uma tigela rasa e leve ao congelador até as bordas começarem a endurecer. Bata vigorosamente com um garfo para quebrar os cristais de gelo e recoloque no congelador até firmar.

# Sorvete de banana crocante

**4-6 porções**

♥

225 ml de Leite de amêndoa (p. 57)
200 g de xilitol
475 ml de iogurte de leite de cabra*
¼ de colher (chá) de goma xantana
1½ colher (sopa) de calda de agave
1½ colher (chá) de suco de limão-siciliano
2 bananas picadas

**Para o crocante**

1 colher (chá) de óleo de coco derretido
4 colheres (sopa) de Manteiga de oleaginosas [feita com castanha-do-pará] (p. 160))
1 colher (chá) de calda de agave
50 g de pecã crua picada
3 tâmaras frescas picadas
uma pitada de sal rosa do Himalaia

* Pode ser substituído por iogurte de soja.

É um pouco mais complicado de preparar porque não leva açúcar, mas vale muito a pena, e o resultado é páreo para qualquer *gelato* italiano.

Para fazer o crocante, misture os ingredientes e espalhe-os em uma assadeira forrada com papel-manteiga. Cubra com filme de PVC e leve ao congelador por 40 minutos, até endurecer.

Cozinhe o xilitol no leite de amêndoa, em fogo brando, mexendo sempre, até começar a dissolver. Deixe esfriar e misture aos poucos ao iogurte, batendo continuamente. Acrescente a goma xantana quando restar metade do iogurte para incorporar.

Adicione a calda de agave e o suco de limão e, no fim, a banana.

Coloque na sorveteira e congele seguindo as instruções do fabricante. Transfira para um pote, tampe e leve ao congelador. Assim que firmar, mas antes que endureça demais, acrescente o crocante quebrado em pedaços pequenos.

Caso não tenha sorveteira, coloque em uma tigela rasa e leve ao congelador até as bordas começarem a endurecer. Bata vigorosamente com um garfo para quebrar os cristais de gelo e recoloque no congelador até firmar.

# Sorvete de morango e coco

**4 porções**

250 g de morango
225 ml de leite de coco
125 ml de água de coco
2 colheres (sopa) de calda de agave
¼ de colher (chá) de baunilha em pó
½ colher (chá) de goma xantana
½ colher (chá) de suco de limão-siciliano

Fazer sorvete não precisa ser complicado – basta um pouco de paciência. Essa receita é bem fácil, e os pedaços de morango a tornam, além de saborosa, linda.

Pique e amasse levemente 50 g do morango e reserve.

Bata o restante dos ingredientes no liquidificador, até ficar homogêneo. Coe e acrescente os morangos amassados. Coloque na sorveteira e congele seguindo as instruções do fabricante. Transfira para um pote, tampe e leve ao congelador até firmar.

Caso não tenha sorveteira, coloque em uma tigela rasa e leve ao congelador até as bordas começarem a endurecer. Bata vigorosamente com um garfo para quebrar os cristais de gelo e recoloque no congelador, até firmar.

Apenas quatro ingredientes são suficientes para você se refrescar e se deliciar!

# Sorvete cru de mirtilo

**4 porções**

♥♥

100 g de castanha-de-caju crua
180 g de mirtilo congelado
80 ml de água
2 colheres (sopa) de calda de agave

Bata todos os ingredientes no liquidificador até ficar homogêneo e congele numa sorveteira, seguindo as instruções do fabricante. Transfira para um pote, tampe e leve ao congelador até firmar.

Caso não tenha sorveteira, despeje em uma tigela rasa e leve ao congelador até as bordas começarem a endurecer. Bata vigorosamente com um garfo para quebrar os cristais de gelo e recoloque no congelador até firmar.

# Índice